和孩子 "玩" 到一起去：

74个创意亲子游戏

一本送给所有父母和宝贝的
亲子游戏宝典

吴晓鸥　主编

北京出版集团公司
北京美术摄影出版社

图书在版编目（CIP）数据

　　和孩子"玩"到一起去：74个创意亲子游戏 / 吴晓鸥主编. — 北京：北京美术摄影出版社，2019.12
　　ISBN 978-7-5592-0323-6

　　Ⅰ．①和… Ⅱ．①吴… Ⅲ．①游戏课 — 学前教育 — 教学参考资料 Ⅳ．①G613.7

中国版本图书馆 CIP 数据核字 (2019) 第 280223 号

总 策 划：深圳市金版文化发展股份有限公司
责任编辑：赵　宁
执行编辑：刘舒甜
责任印制：彭军芳

和孩子"玩"到一起去：74 个创意亲子游戏
HE HAIZI "WAN" DAO YIQI QU：74 GE CHUANGYI QINZI YOUXI

吴晓鸥　主编

出　　版　北京出版集团公司
　　　　　北京美术摄影出版社
地　　址　北京北三环中路 6 号
邮　　编　100120
网　　址　www.bph.com.cn
总 发 行　北京出版集团公司
发　　行　京版北美（北京）文化艺术传媒有限公司
经　　销　新华书店
印　　刷　天津图文方嘉印刷有限公司
版印次　2019 年 12 月第 1 版第 1 次印刷
开　　本　787 毫米×1092 毫米　1/16
印　　张　10.5
字　　数　80 千字
书　　号　ISBN 978-7-5592-0323-6
定　　价　36.80 元

如有印装质量问题，由本社负责调换
质量监督电话　010-58572393

在宝宝生命伊始，每天除了睡觉、吃饭之外，重要的事就是玩游戏了。对宝宝来说，游戏不仅能带给他精神的愉悦，同时也是他认识世界、获得成长、提升智能的好方式。

爸爸妈妈作为宝宝信任的、亲近的人，和宝宝一起玩游戏，不仅可以满足其情感上的需求，同时还能帮助宝宝开发潜能、养成良好习惯、形成正确的价值观念等，这些都是对宝宝健康成长的必要铺垫。但是，由于现代社会竞争激烈，许多年轻的爸爸妈妈忙于挣钱养家，每天陪伴宝宝的时间十分有限，与宝宝共同游戏的时间更是少之又少。没有亲子游戏的宝宝缺失了与爸爸妈妈互动的人生初交往体验，这是一种心理情感和社会适应能力培养上的缺失，对于宝宝的成长是十分不利的。

其实，做游戏并不一定要安排大量的时间，也没有爸爸妈妈想的那么复杂。《和孩子"玩"到一起去：74个创意亲子游戏》根据宝宝不同阶段的身心发育特点，精心设计了74款适龄亲子游戏，通过图文结合的形式为爸爸妈妈提供了生动活泼的育儿指导。这些游戏不需要复杂的道具，也不用花费很长的时间，只需要用一点儿心思，就能让宝宝在快乐的游戏中享受与父母的亲密交流，获得智能的充分开发，塑造健康的身心。

每个宝宝都是在游戏中成长起来的，无论工作有多忙，爸爸妈妈都要每天抽出一定的时间做他的玩伴，与宝宝"玩"到一起去，感受他的快乐，参与他的成长。

目录

第四章

073

适合 2 ～ 3 岁宝宝的亲子游戏

第五章
103 适合 3 ~ 6 岁宝宝的亲子游戏

第一章

亲子游戏，
为宝宝成长助力

0～6岁是宝宝智能开发的重要阶段，亲子游戏是开发宝宝智能的金钥匙。爸爸妈妈要掌握不同阶段亲子游戏的特点，才能有效地刺激宝宝大脑的发育，进而促进宝宝各方面综合智能的提高。

亲子游戏与宝宝的智能开发

喜欢玩游戏是宝宝与生俱来的天性，游戏可以让宝宝获益良多，可以说婴幼儿后天获得的每一种能力都受惠于各种各样的游戏。爸爸妈妈想要通过游戏循序渐进、科学系统地帮助宝宝开发潜能，就从认识宝宝的大脑开始吧！

认识宝宝的大脑

人的大脑就像一个微型宇宙，里面藏着难以穷尽的秘密。大脑中有上千亿个神经细胞，每个神经细胞都和身体内的其他细胞有千丝万缕的联系，听上去无比复杂，但大脑各区神经细胞分工协作，运作井然有序，这也使得大脑成为人体的"总司令"。

人的大脑分左右两个半球

人的大脑有两个半球，由胼胝体连接，构成一个整体。左半球感受并控制右边的身体，右半球感受并控制左边的身体。左右半脑也有明确的分工：

左半脑	主要负责语言、记忆、时间、判断、排列、分析、书写、推理等，思维方式具有连续性、延续性和分析性，又被称为"意识脑""语言脑"
右半脑	主要负责空间形象记忆、直觉、情感、身体协调、视觉、美术、音乐、想象、灵感等，思维方式具有无序性、跳跃性、直觉性等，又被称作"潜意识脑""创造脑""艺术脑"等

左右半脑互相取长补短，密切配合，使整个大脑发挥出最大的功能。要想全面开发宝宝的潜能，从婴儿期开始就要让宝宝的左右半脑都得到锻炼。

了解宝宝的大脑发育

宝宝刚出生时的大脑只有成人大脑的1/4，到2岁时可长到成人大脑的3/4，5岁时宝宝的大脑大小及容量就和成人大脑非常接近了，但在语言表达能力、思维能力与肢体协调等方面，宝宝还需要经过人生经验的不断积累得以提升。宝宝虽然年龄小，但尚未发育完全的大脑就能执行基本的呼吸、进食、消化、排泄等指令。此后大脑将继续发育，在宝宝体验世界的进程中形成大脑神经细胞间的复杂联系。

大脑 "主管" 的智能

美国哈佛大学的心理发展学家霍华德·加德纳提出了多元智能的理论，这一理论认为人的智能是多元的，至少包括以下8项智能：语言智能、数理逻辑智能、视觉空间智能、身体运动智能、音乐智能、人际智能、内省智能、自然观察智能。

语言智能

语言智能是指有效地运用口头语言或文字表达自己的思想并理解他人，灵活掌握语音、语义、语法，具备将语言思维、语言表达和欣赏语言深层内涵的能力结合在一起并运用自如的能力。

语言智能型的宝宝很早就会讲话或模仿大人说话，喜欢与文字有关的游戏、阅读、讨论等，进入学校以后对语文、历史等课程的兴趣较大，将来可能更喜欢成为律师、编辑、作家、记者、主持人等。

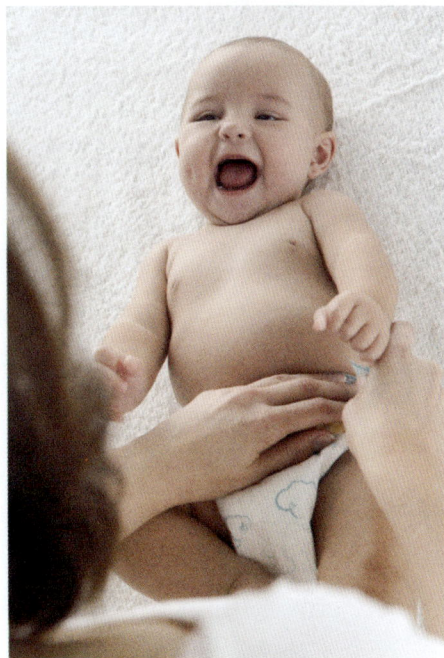

数理逻辑智能

数理逻辑智能是指有效地计算、测量、推理、归纳、分类，并进行复杂数学运算的能力。这项智能包括对逻辑的方式、关系、陈述、主张、功能及其他相关的抽象概念的敏感性。

数理逻辑智能型的宝宝更爱玩积木、比较大小游戏和数字游戏等，在学校里特别喜欢数学、物理、化学、电子等科学类的课程，将来适合当数学家、税务人员、会计、统计学家、科学家、计算机软件研发人员等。

视觉空间智能

视觉空间智能是指准确感觉视觉空间及周围一切事物，并且能把所感觉到的东西表现出来的能力。这项智能包括对色彩、线条、形状、空间及它们之间关系的敏感性。

视觉空间智能型的宝宝喜欢玩拼图、走迷宫、找方位之类的游戏，喜欢想象、设计及画画，喜欢看书中的插图，长大后适合做设计师、建筑师、摄影师、画家、导游、飞行员等。

身体运动智能

身体运动智能指善于运用整个身体来表达思想和情感，灵巧地运用双手制作或操作物体的能力。这项智能包括特殊的身体技巧，如平衡、协调、敏捷、力量、弹性和速度以及由触觉所引起的能力。

身体运动智能型的宝宝喜欢活动、动手建造东西，说话时总是表情丰富，喜欢用手势或其他肢体语言表达，将来适合成为演员、舞者、运动员、雕塑家、机械师、手工匠人等。

音乐智能

音乐智能是指能够敏锐地感知音调、旋律、节奏、音色等的能力。

音乐智能高的宝宝通常喜欢唱歌、听音乐，对节奏、音调、旋律或音色很敏感，对演奏乐器有天分，适合做歌手、指挥家、作曲家、音乐评论家、调音师等。

人际智能

人际智能是指能很好地理解别人和与人交往、合作的能力。这项智能包括善于察觉他人的情绪、情感，体会他人的感受，辨别不同人际关系的暗示以及对这些暗示做出适当反应的能力。

人际智能型的宝宝更喜欢参与团体性质的运动或游戏，如打篮球、踢足球、玩角色扮演等，比较不喜欢一个人慢跑、独自玩玩具等个人性质的运动及游戏；能较快地接纳陌生人，和不同的人进行交往；当遭遇问题时，比较愿意

向别人请教或请求帮助，也乐于指导别人如何做某件事，将来适合成为行政人员、公关人员、推销人员、外交官、领导者等。

内省智能

内省智能是指一个人自知与自处的能力，能够调整自我的内在世界，尤其是情感与情绪的辨识与调整。

内省智能高的人通常能够维持写日记或睡前反省的习惯，经常会思考及规划自己的人生目标，喜欢独处、独立工作，比较自律，将来适合成为政治家、哲学家、心理学家、教师等。

自然观察智能

自然观察智能是指善于观察自然界中的各种事物，并对物体进行辨认和分类的能力。

自然观察智能型的宝宝对大自然有强烈的好奇心和求知欲，对植物、动物、矿物、天文等有浓厚的兴趣，对大自然及其生物具有友善性，将来更适合往宠物医生、生物学家、地质学家、天文学家、环境设计师等方向发展。

先天智能与后天影响

在宝宝刚出生时，这8种智能还只能说是潜能，需要父母多关注、多发掘，通过后天的培养让他们尽可能地发挥出高标准。

智能的个性化特征

每个人身上都具有至少8种智能，只是各种智能的发展水平存在一定的差异，表现出不同的智能组合倾向。比如，有的宝宝在家里活泼好动、喜欢玩数字游戏，但是一出门见到陌生人就很严肃，怎么逗都不笑，对于户外的花花草草也没什么兴趣，这说明宝宝的优势智能可能是身体运动智能和数理逻辑智能，弱势智能可能是人际智能和自然观察智能；又如，有的宝宝从小不怕生人，见人就笑，对穿着总是很有主见，能协调搭配，但是对听音乐和跑跑跳跳的游戏不太感兴趣，这说明宝宝的优势智能可能是人际智能和视觉空间智能，弱势智能可能是音乐智能和身体运动智能。这些智能的个性化特征，在后天发展中受到家庭环境、社会环境和人际环境的影响，不同的人的智能组合方式依然会"各具特色"。

发展宝宝的多元智能

不同的智能组合没有绝对的好坏之分，有的父母一味地追求孩子的学习成绩，其实这只能说明孩子的语言智能和数理逻辑智能比较高。但事实上孩子将来走入社会，应用的不可能只有一种或两种智能，任何活动都需要不同智能的组合参与。比如一名数学教授，他不仅要具有专业的数学知识，这需要他有较高的数理逻辑智能，还要有善于规划的内省智能，教授学生和写作论文时还要有一定的语言智能以及与人友好交往的人际智能等。

父母要在宝宝发展规律的共性中找到其自身的个性特点，对其进行有针对性的培养，重点发掘其优势智能，有意识地加强其智能发展的薄弱方面，把宝宝培养成富有个性的、适合未来社会发展需要的复合型人才。在宝宝生命的最初几年，他的成长速度是惊人的，作为宝宝信任的、亲近的人，父母要承担起开发宝宝智能的重任，而其中有效的方式之一便是亲子游戏。

亲子游戏，开发宝宝智能的好方式

我国著名教育家陈鹤琴说过："小孩子生来就是好动的，是以游戏为生命的。"在宝宝的成长过程中，游戏扮演着重要的角色。爸爸妈妈应该给宝宝创造一个安全、自由的环境，让他多玩耍、多活动、多探索，并尽可能地多陪宝宝玩游戏。

游戏是宝宝的重要生活方式

处于婴幼儿时期的宝宝，除了吃饱、喝足、睡够以外，其他的时间和精力大多都被用来玩游戏，甚至生活所需的一些活动也可以变成游戏，比如洗澡时玩水、毛巾和沐浴液，穿袜子时尝试把袜子戴在手上，可以说宝宝是以游戏为生活的。在游戏中，宝宝掌握了吃饭、穿衣、刷牙、说话、走路、跑跳等技能，并逐渐提高了各种智能。如果父母不经意间破坏了宝宝这种生活方式，造成的损失将是无法弥补的。在宝宝快速生长发育的阶段，父母要利用宝宝以游戏为生活的特性，通过各种各样的游戏使宝宝的智能得到全面开发。

宝宝的游戏就是学习

许多父母把宝宝送到幼儿园希望宝宝学到更多的"知识"，比如学认字，学唱一些儿歌，学画表意清晰的画等。如果老师带着宝宝在幼儿园只是玩游戏，父母就会犯嘀咕，去幼儿园不是受教育的嘛，天天玩能学到东西吗？其实，对于宝宝来说，学与玩的界限十分模糊，宝宝越小，这种界限越不清晰，可以说宝宝的游戏就是学习。

自然界中，从幼小动物到人类幼儿都会利用游戏来寻求快乐，并从中学到生存的本领，如小狮子相互之间追逐打闹是为了将来能抓到猎物以维持生存，小猫热衷于扑毛线球是为以后抓老鼠打下基础。

宝宝也天生会玩游戏，刚出生时游戏重点在于其自身，比如用唇舌做游戏，张合小嘴模仿大人说话，不久就会咿呀学语；在自己眼前晃动双手、玩弄手指，再大些便会抓取能力范围内的物品来游戏，可以花上数小时靠双手双脚在各种障碍物中爬行，聆听自己制造出的各种声音；1岁以后，宝宝会喜欢上有探索性质的游戏，如把玩具搬来搬去，把垫子掀起来看看，把贴画贴在各种不可思议的地方等。在这些游戏的过程中，宝宝的智能会得到快速发展。

亲子游戏有益于增进亲子关系

亲子关系是指父母与子女之间的交往关系，它是人的一生中形成的第一种也是重要的人际关系。能否建立良好的亲子关系，关系着宝宝的身心健康，特别是对其人格形成与发展有着至关重要的影响。有关研究显示，在青少年中表现出的诸多人格方面的缺陷或障碍，很多都可以追溯到不良的亲子关系，有的问题甚至可以说就是童年期不良的亲子关系导致的。

良好的亲子关系不是天生的，宝宝会本能地亲近和他接触得多、让他感到放松和快乐的人。如果爸爸妈妈每天能抽出时间和宝宝一起玩游戏，在游戏中增加与孩子之间的感情交流，让他得到快乐的体验，良好的亲子关系就会稳当地建立起来。

温馨提示

父母不能只重视与宝宝建立良好的亲子关系，营造一个温馨和谐的家庭氛围也十分重要，这能让宝宝更多地感受到幸福和安全，否则宝宝就会处在焦虑与不安之中，影响其心理发育和个性发展。家庭成员之间要和睦共处，相互谦让、相互理解、相互关心，孩子在这样的家庭氛围中才能健康成长。

亲子游戏能促进宝宝的智能发展

心理学实验表明：游戏是包含多种认知成分的复杂心理活动，是宝宝的良好学习方式。通过玩各种各样的亲子游戏，能提高宝宝的智力、能力以及情商。

亲子游戏与宝宝的智力发展

任何一种游戏都需要宝宝进行智力活动，宝宝的观察力、专注力、想象力、创造力、记忆力和思维等都在游戏中得到锻炼。

1 游戏与观察力

在游戏过程中，宝宝无时无刻不在观察周围的环境和事物以获得更多的信息，使游戏顺利开展，观察力是想象力和思维发展的基础。

2 游戏与专注力

游戏是发展宝宝专注力的有效手段，通过玩一些让宝宝感兴趣的游戏，可以让他长时间集中注意力，慢慢地让专注的时间越来越长。

3 游戏与想象力

游戏的方式、过程等没有什么固定模式，宝宝在游戏过程中是自由自在的，这种宽松的游戏氛围为宝宝的想象提供了广阔的天地。

4 游戏与创造力

在发展想象力的过程中，宝宝的创造性也会被激发。当他有了天马行空的联想并积极实践时，创造力就在这个过程中得到了发展。

5 游戏与记忆力

游戏往往会重复地反映宝宝经历过的事件，能促使宝宝去积极地、有目的地回忆某些情节或规则，这样就发展了宝宝的有意记忆。

6 游戏与思维

游戏给宝宝创造各种情境，设置了许多问题，为了将游戏进行下去，宝宝需要把已有的经验与当前的情况结合，这就需要他积极思考。

亲子游戏与宝宝的能力发展

游戏虽然是以娱乐为主的活动，但宝宝在快乐玩耍过程中会不知不觉地使各种能力得到开发，游戏所起到的作用比专门"教导"要大得多。

➡ 游戏可以促进宝宝语言能力的发展。在游戏中，宝宝会用语言来描述游戏的情节和表达自己的想法。比如，在讲故事的游戏中，宝宝讲述故事的内容，与爸爸妈妈进行交流。

➡ 婴幼儿进行一些抓握够取的练习，比如用手捏起豆子、拿筷子夹物等游戏，可以促进精细动作发展，并锻炼手眼的协调能力。另外，等宝宝长大一些，让他练习攀登、骑自行车、做各种越过障碍物及球类活动等，都可以使身体的平衡协调能力及耐力等得到发展。

➡ 经常带宝宝到大自然中去，教他认识环境，与他一起观察植物、动物、矿物、气象变化等，可以丰富宝宝的知识，增强对自然辨认和分类的能力。

➡ 游戏能帮助宝宝学会独立、增强自理能力。在游戏过程中，宝宝通常都要求"自己来"，放手让他自己尝试，能让他逐渐养成独立完成任务的习惯，并学会一些必要的生活技能，这对培养他的独立能力十分重要。

➡ 经常让宝宝听优美的音乐，教宝宝唱歌，与他一起进行涂鸦、绘画等，能让宝宝的艺术潜能得到发展。

➡ 和宝宝一起做一些他力所能及的劳动，比如整理房间、清洗、种植、饲养，学做一些手工等，既能增长知识，又能锻炼动手能力，学到技能。

亲子游戏与宝宝的情商发展

亲子游戏可以增进父母与宝宝之间的亲密关系，帮助宝宝掌握调节情绪的方法，并发展意志力、自律、与人合作等方面的情商。

➡️ 亲子游戏中，不论是语言表达还是非语言表达，都处于一种愉快的氛围中，可以让宝宝体会到亲子交流的快乐和幸福，促进宝宝良好情感的发展。

➡️ 在游戏中让宝宝遵守规则，如下棋时轮流掷骰子，玩猜拳游戏时在喊"一、二、三"之后马上出手，不能反悔，能够慢慢地让宝宝树立起规则意识。

➡️ 宝宝的游戏常常尝试、失败、再尝试，直至成功。比如摆积木时，积木可能会中途倒下，宝宝会接着摆；在海边，宝宝会用小勺子一趟又一趟不厌其烦地把海水运到海滩上的沙坑里。游戏使宝宝学会坚持，能吃苦、能耐劳，就算身体疲劳也乐在其中。

➡️ 在一些让宝宝学会分享与关照别人的游戏中，宝宝会体会到分享与帮助别人的快乐，能潜移默化地培养宝宝的爱心和助人为乐的品质。

➡️ 有的游戏需要宝宝与爸爸妈妈配合才能完成，这能促使他学会与人沟通、寻求合作。

温馨提示

许多父母往往说自己工作忙、家务多而没有时间陪宝宝游戏，只好眼看着宝宝长大，潜能尽退，与自己疏远，心里干着急。其实，父母无论多忙，每天都应该抽出一定的时间陪宝宝玩游戏，做游戏并没有一些爸爸妈妈想的那么复杂，日常生活中的一些生活用品、简单的玩具都可以开发出多种游戏，不用花费很长的时间、购买特殊的道具和专门准备场地。比如，一条毛巾既可以配合爸爸妈妈的儿歌让宝宝掌握擦手的技能，又能用作锻炼平衡感的道具；一个皮球既可以用来锻炼宝宝的身体运动能力，又可以用来训练宝宝追视的能力等。

0～6岁不同阶段亲子游戏特点

　　0～6岁的宝宝在成长中的不同阶段，其生理和心理发展都有一定差异，观察、记忆、思维等能力的发展也有其规律，父母要和宝宝进行适合该成长阶段的亲子游戏，才能对开发宝宝智能起到事半功倍的效果。

0～1岁，在游戏中探索世界

　　在刚出生的头6个月，宝宝就已经开始自发地学习适应外部环境，逐步调节用餐时间、睡眠周期等。这一阶段，重要的是让他感到舒适、安全与受到保护，这样才能让他更好地适应与妈妈子宫不同的世界。这时要给宝宝持续性的关爱和身体接触，比如拥抱、抚触、亲吻等，让宝宝建立对爸爸妈妈的依恋，使他充满安全感。这一阶段也是培养宝宝感官能力的关键期，比如看黑白色、追视物体、抓握、唱儿歌等游戏，都可以锻炼宝宝的视觉、听觉、触觉等感官能力。

　　7～12个月时，宝宝的好奇心非常强烈。他会尝试用手去够取周围的东西，在床上爬来爬去，试着站起来，或扶着东西走几步，并且还会通过声音、动作和手势来表达想要什么。这个阶段可以和宝宝进行一些肢体锻炼、躯体运动方面的亲子游戏，使宝宝逐渐增强自由活动的能力，尽情地探索世界。

1～2岁，宝宝主动和爸爸妈妈玩游戏

　　宝宝到了1岁左右，可以自如地爬行，可以站立片刻，发育快一些的宝宝还可以独立走几步，手眼活动变得协调，比如可以自如地抓起饼干放进嘴里。爸爸妈妈可以继续以肌肉锻炼、躯体运动、精细动作发展的游戏为主，来发展宝宝的身体运动能力。这个阶段宝宝对爸爸妈妈有明显的依恋情结，喜欢跟在大人身后，会设法引起大人的注意，如主动讨好大人或者故意淘气，这是宝宝想要父母陪他玩耍的表现。

1岁多的宝宝开始有了自我意识，他迫切地想要表达自己的意愿，虽然已经可以和大人做简单的交流，但很多时候还是无法用语言清晰地表达自己的要求。爸爸妈妈要多给宝宝提供一些学习的机会，增加宝宝的词汇量，使其表达渐渐连贯起来。这个阶段还要注重发展宝宝的社会交往能力，除了进行语言训练方面的游戏，还要培养宝宝的爱心、同情心、分享精神等。

2～3岁，适合宝宝的游戏越来越多

2～3岁的宝宝较前两个阶段有了较大的变化，这时他的认知能力已经有了突飞猛进的提高，对外界的事物充满了好奇心和新鲜感，这种好奇心主要表现在认识、记忆、想象等能力方面：宝宝已经开始形成对数字、大小以及重量、空间、长度等概念的认识；不仅如此，宝宝的记忆力也逐渐增强，一些习惯的做法能自觉完成；宝宝的想象力也很丰富，可以想象从未看过的事物或事情，对父母来说，有时可能觉得他在说谎，其实宝宝只是分不清想象和现实而已。这个时期爸爸妈妈可以多和宝宝玩一些提高认知能力的亲子游戏，比如积木、拼图、数数、认字、与玩具的语言交流等，促进宝宝认知能力的增强。

这个时期宝宝的大肌肉也变得发达，可以从高处跳下来，也不畏爬上危险的地方，而且喜欢做滚动、跳跃等激烈的运动。另外，小肌肉的运动也更加灵活，能灵

活地使用手指。爸爸妈妈可以通过游戏教会宝宝完成扣纽扣、系鞋带、刷牙、洗脸、剪纸、折纸等简单的动作，让他养成良好的生活习惯，掌握一些基本的自理能力。总之，这个阶段适合宝宝的游戏越来越多，宝宝的能力也越来越强，爸爸妈妈可以利用丰富的游戏使他各方面的潜能都得到发掘。

3～4岁，宝宝的能力迅速发展

3～4岁这个年龄段的宝宝已经能够运用全身的运动能力，智力也显著地发展起来了：他的记忆力相对提高，创造性增加，能够牢记自己学到的东西，通过错误尝试积累了经验，并能应用所学知识逐渐拓宽自己的视野；他的好奇心更加强烈，对于所见所闻，总会饶有兴趣地不停问"那是什么""为什么是这样"，父母要利用这一大好时机，耐心回答宝宝提出的问题，启发他的思维；他充满自信，有丰富的想象力，并热衷于把自己的想法付诸行动，只要一有机会就迅速行动起来。

这个阶段的宝宝游戏持续时间比较长，爸爸妈妈可以和宝宝玩一些刺激想象力、观察力、记忆力、思维的游戏，启发他思考，同时培养专注力；父母还可以让他做一些带有重复性动作的运动游戏，比如骑三轮车、跑步等，既能增强身体的运动能力，又能培养意志；这时候的宝宝喜欢模仿社会活动，父母可以将日常生活遇到的一些情境在游戏中表现出来，如商店售货员和顾客交流的情境、排队的情境等，让宝宝在游戏中掌握一些社会规则。总之，3岁多的宝宝绝大多数时间仍然是在玩耍中度过的，父母要给予宝宝充足的机会让他去游戏，让宝宝的能力在游戏中迅速发展。

4～6岁，在游戏中学习知识

这一时期宝宝的智能发育逐渐趋于完善，可塑性强，接受新鲜事物的速度很快，父母可以通过游戏让宝宝了解更广泛的知识，这对大脑的发育很有帮助。这并不是要求父母进行单纯的知识灌输，而是要运用更多的方法让宝宝接触外部世界，重点不是积累多少知识，而是通过接触新知识激发宝宝的求知欲、探索欲，为他以后的发展打好基础。

第二章

适合 0 ~ 1 岁宝宝的亲子游戏

宝宝出生后的第一年是他生长发育十分快速的时期，每一天、每一个月，爸爸妈妈都能感受到宝宝明显的改变。爸爸妈妈要经常和宝宝做一些亲子游戏，为宝宝的智能发展打下良好的基础。

0～3月龄

▶▶ 游戏 01

来跳舞吧——旋转

（关键词：情感交流、观察能力）

🦆 准备好了吗

宝宝精神状态良好；播放柔和的音乐。

🚀 玩中学

伴随着柔和的音乐慢慢旋转，让宝宝面对不同的视觉领域，锻炼他的视觉观察能力；爸爸妈妈的怀抱还可以让宝宝感受到成长过程中所需的安全感，增进亲子感情。

🏐 一起玩游戏

1 抱紧宝宝，和宝宝进行目光交流，告诉他："和妈妈一起来跳舞吧。"

2 抱着宝宝在屋子里慢慢旋转，支撑住宝宝的头部。

3 旋转的同时可以哼唱熟悉的歌谣，也可以用播放器播放，如《小燕子》《小手拍拍》《两只老虎》等。

4 停下来看着宝宝的眼睛笑一笑，再接着转，重复几次。

小叮咛：
抱着宝宝旋转时速度要慢，以防宝宝眩晕。同时要仔细观察宝宝的反应，一旦发现有不适表现，要立刻停止。

毛毛虫来了——身体触摸

（关键词：触觉刺激、塑造开朗性格）

🦆 准备好了吗

宝宝清醒且心情愉快的时间段；在沙发或床上。

🚀 玩中学

玩身体触摸游戏，可以刺激宝宝触觉的发展与识别力。在玩游戏的过程中，还能有意识地让宝宝学会用笑声和叫声来表达自己的快乐。

🏐 一起玩游戏

1　妈妈抱着宝宝，或是宝宝躺在床上，妈妈在一旁和宝宝玩耍。

2　妈妈逗宝宝玩，吸引宝宝的注意力，然后用手指做爬行状，并说："毛毛虫来了，爬呀爬，爬呀爬，就要接近宝宝了。"同时，手指在宝宝的注视中慢慢接近宝宝。

3　触碰到宝宝时，妈妈迅速地、轻轻地挠宝宝痒痒，可以挠宝宝的手指、脖子、胳膊、大腿、小脚丫等。

小叮咛：
在说的过程中，妈妈的声音要轻、慢，且富有情感和节奏感，以吸引宝宝对妈妈手指的注意力。

▶▶ 游戏 03

黑白配——看黑白两面

（关键词：视觉观察、对比能力）

开始时我只能看到黑色和白色，

慢慢地，

我能看到红色、黄色……

以及这个五彩斑斓的世界。

小叮咛：

此类游戏在宝宝出生半个月后就可以进行了。游戏时妈妈应注意观察宝宝的视线是否会在黑白两个画面之间移动。

🦆 准备好了吗

先准备好黑白纸各一张，不要太大，也可以是黑色与白色的卡片；如果没有现成的黑纸，可以用黑色彩笔将白纸涂成黑色。

🏐 一起玩游戏

1 在宝宝醒着的时候，将纸张举到距离宝宝眼睛 15 ～ 30 厘米的地方晃动，逗引宝宝观看。

2 先让宝宝看黑纸，再给宝宝看白纸，每张纸分别注视半分钟。

3 将黑纸、白纸同时出示，让宝宝同时注视这两种不同颜色的纸。

4 用手左右慢慢移动这两张纸，锻练宝宝视线在两张纸之间来回移动的能力。

🦖 游戏延伸

除了黑、白纸之外，爸爸妈妈还可以准备一些图形简单、线条分明，且具有对称性的黑白图片或卡片。将这些黑白图片贴在一个事先准备好的硬纸板或画板上，做成宝宝视觉训练模板。平时，爸爸妈妈还可以给宝宝观看一些色彩鲜艳的图画，这也能给宝宝提供良好的视觉刺激。

🚀 玩中学

这个游戏不仅能发展宝宝的视觉，提升宝宝对颜色的感知能力，还能训练宝宝对两种事物的对比判断能力，培养其逻辑思维能力。

4～6月龄

▶ 游戏 04

会变魔法的小手——抓握

（关键词：刺激感官、精细动作发展）

🦆 准备好了吗

1～2个色彩鲜艳、能发出声音的手摇铃或是小铃铛。

🚀 玩中学

这一类型的游戏可以训练宝宝的视觉能力、听力及反应，锻炼手指、手腕的活动能力及肌肉强度，提高宝宝的手眼协调能力。

🏀 一起玩游戏

1 妈妈在宝宝的侧面，一边摇手摇铃，一边唱歌，宝宝听到声音会转动身体。

2 宝宝会试图用手去触摸、抓握手摇铃。

3 当宝宝想要动手但又不成功时，可将手摇铃放在他的手中，然后轻轻摇一下宝宝的手腕，让摇铃叮当作响，吸引宝宝来看自己的小手。

4 也可以系一个鲜艳的大蝴蝶结在宝宝的手腕上，再拿到宝宝眼前让他观看，看宝宝是否注视自己的小手。

小叮咛：
当宝宝用视觉捕捉到目标或偶然触到玩具时，妈妈要用自然而丰富的表情和手势以及欣喜的语调鼓励宝宝。

▶ 游戏 ⑤

早晨与夜晚——作息

（关键词：认知力、良好习惯）

🦆 准备好了吗

不需要任何道具，妈妈只需要在宝宝起床或睡觉的时候巧妙地利用周围环境即可。

🚀 玩中学

通过感知白天、夜晚不同的光线变化、不同的环境氛围与妈妈的举动，帮助宝宝初步建立时间的概念，使他能够分清白天和夜晚，以及明白白天和夜晚应该做的事。

🏐 一起玩游戏

1 每天早上，宝宝醒来的时候，爸爸妈妈要对宝宝说"早上好"，并亲亲宝宝。

2 拉开窗帘、打开窗子，让宝宝感受一下外面的阳光和新鲜的空气，并告诉宝宝，天亮了，要起床了。

3 如果妈妈有时间，白天可以带着宝宝出门转一转，感受一下外面的热闹气氛。

4 天黑后，妈妈要告诉宝宝现在是晚上，天黑了要拉上窗帘，把灯打开，吃完晚饭，再进行洗漱，就该准备睡觉了。

小叮咛：

宝宝刚睡着的时候，妈妈应在他身边多待一会儿，等待宝宝睡熟后再离开，这样宝宝会睡得更好。

会动的球——翻身

（关键词：运动能力、肢体协调性）

躺一会儿，趴一会儿，

转一转，滚一滚，

就这样，小宝贝会翻身了，

慢慢地，他就能坐稳、能站、能走了。

小叮咛：

游戏时一定要注意安全。刚开始时，爸爸妈妈可以帮帮宝宝，多练习几次后，宝宝就会自己翻身把玩具拿到了。

🦆 准备好了吗

　　平坦的、不太软的床，也可以在地上铺席子、塑料地板砖；宝宝喜欢的可发声、有颜色的小玩具1~2个，如会发声的小鸭子、会叫的黄色小鸡等；和宝宝差不多大小的玩具熊1个。

🏐 一起玩游戏

1　让宝宝躺在床上或垫子上。爸爸用双手握住宝宝的双脚旋转，同时妈妈用手扶住宝宝的头颈部旋转，使宝宝连续翻身。爸爸妈妈可以边唱儿歌边做动作。

2　宝宝熟悉翻身动作后，爸爸妈妈可以把一个宝宝喜欢的玩具放在离他不远处，让宝宝学会自己翻身去够取玩具。

3　爸爸妈妈可以把玩具放在宝宝身旁的不同地方，引导他从仰卧变为侧卧、俯卧，再从俯卧变成仰卧，让宝宝翻身打滚。

4　爸爸妈妈也可以让宝宝俯卧在床上，然后用玩具在宝宝的一侧引导。这时，宝宝会以腹部为支点四肢腾空，上肢想够取玩具，下肢跟着摇动，身体在床上打转。

5　爸爸妈妈还可通过"滚动比赛"的方式激起宝宝翻身的兴趣。比如，在宝宝面前放一只玩具熊，然后操控玩具熊做出各种滑稽的动作，确认宝宝在看着小熊时，把它移到另一边，这样宝宝的身体也会跟着转。

🦕 游戏延伸

　　此时的宝宝会对物品进行追踪，爸爸妈妈可以多准备一些可以移动的玩具，尤其是会滚动的物品，如小汽车、小红球等。

🚀 玩中学

　　经常和宝宝玩此类型的游戏，对锻炼其肢体协调性及大运动能力都有帮助。肢体的动作往往可以刺激大脑，进而促进大脑智能的开发，使宝宝变得更加聪明。

咿咿呀呀——发音练习

（关键词：语言能力、情感交流）

小宝宝，起得早，
睁开眼，眯眯笑，
咿呀呀，学说话，
伸伸手，妈妈抱。

小叮咛：
爸爸妈妈在教宝宝练习发音时，应慢慢来，给宝宝模仿的机会。还可以用摄影机录下宝宝咿呀学语的样子，将会是很好的留念。

🦆 准备好了吗

不需要任何辅助道具。在任何场景、场地都可以进行；尽量选择宝宝情绪愉悦的时候。

🏐 一起玩游戏

1 妈妈在宝宝情绪愉快时多与宝宝说笑，逗引他发音。

2 妈妈可以对着宝宝用愉快的语气与表情发出"a-a""u-u""ba-ba-""ma-ma-"等音节来吸引宝宝，让宝宝注意到你的口型。每发一个音都要稍微停顿一下，给一些时间让宝宝模仿。

3 妈妈还可以拿着一个色彩鲜艳或带声响的玩具，在宝宝面前一边摇动一边说："宝宝，快来拿（na），拿！"多次重复，以激励宝宝发出"na"的音。

4 如果宝宝对着妈妈的脸发出"啊、哦、哇"等音，好像要说话似的，妈妈一定要及时回应宝宝，回答："啊……宝宝想说什么呀，哦……宝宝说得真好！哇……好棒！"等。

5 平时，爸爸妈妈应尽量找时间多带宝宝外出散步，并多和他说话，比如："有好多车哦！""有小狗在叫！"等。

🦖 游戏延伸

这一游戏主要是与宝宝多说话，一边做一边说，看到什么说什么，特别是一些经常接触到的事和物要反复说，说的同时指给宝宝看或拿着宝宝的手去指，让宝宝更多地感受语言的作用，并逐渐认识这些事物。

🚀 玩中学

经常和宝宝说话、逗笑，虽然他可能听不懂也说不清楚，但这种语言环境的营造会使宝宝懂得语言的交往作用，可促进宝宝语言交往能力的发展。

7~9月龄

▶ 游戏 08
娃娃去哪儿了——藏玩具
（关键词：理解力、观察力）

我要找我的娃娃，
它穿着红裙子、黑鞋子，
"布娃娃！"
原来你在这里！

小叮咛：
玩具消失的时间不要太长，以免宝宝失去兴趣。藏玩具的地方不要太隐蔽，否则宝宝会丧失做游戏的积极性。

🐤 准备好了吗

宝宝喜欢的布娃娃或其他玩具，枕头或抱枕、盒子以及其他可以用来掩盖布娃娃的物品。

🏐 一起玩游戏

1 妈妈和宝宝在床上或沙发上玩耍。

2 妈妈拿出宝宝平时喜欢玩的布娃娃，逗引宝宝去抓取布娃娃，激起宝宝的游戏兴趣。

3 妈妈当着宝宝的面，将布娃娃放在枕头或抱枕底下，然后问宝宝："哎呀，娃娃去哪儿啦？宝宝把娃娃找出来。"

4 宝宝会去翻弄枕头，看到布娃娃出现了，宝宝会非常开心。如果宝宝没有翻找娃娃的意识，妈妈可以先找一遍，然后拿出娃娃，说："布娃娃！"宝宝慢慢地就会自己主动去找。

5 反复玩这个游戏，每次都换个地方藏布娃娃。

🦖 游戏延伸

为了激发宝宝的智能，培养观察力，爸爸妈妈要多带宝宝做类似的游戏。同时，为了增加宝宝的新鲜感和兴趣，爸爸妈妈要用不同的方法陪他做游戏。比如，可以用布将布娃娃包起来，或者将布娃娃用盒子装起来，然后逗引宝宝取出布娃娃。

🚀 玩中学

这类型的游戏可以进一步提高宝宝对语言的理解能力，有助于培养宝宝的观察能力和探索精神。宝宝在玩游戏的过程中，爬行能力、肢体协调能力、手部活动能力都能得到增强。

神奇的镜子——照镜子

（关键词：视觉、认知力）

小宝宝，照镜子，
镜中有个小娃娃。
宝宝伸出手，娃娃抓一抓。
宝宝想亲他，娃娃嘟嘴巴。

小叮咛：

如果宝宝害怕照镜子，要给他适应的时间，比如妈妈抱着宝宝看镜子，教他对着镜子微笑，慢慢地他就会试着自己去触摸镜中的自己。

🦆 准备好了吗

一面全身镜或梳妆镜，如果没有也可以准备一面大一点、好看一点的圆镜子，尽量能照到宝宝的全身。

🏐 一起玩游戏

1　妈妈把宝宝抱到镜前，让宝宝从镜子里看到自己，并试着通过各种动作，让宝宝了解自己的长相。

2　妈妈拉着宝宝的小手去摸镜子，镜中的宝宝也照样伸手。

3　妈妈对着镜子做鬼脸、微笑或是做其他夸张的动作，或发出夸张的声音。

4　宝宝因为好奇也会开始对着镜子微笑，然后看着镜中的宝宝也笑；或是用头去碰镜子，用身体去撞，用脚去踢，做各种他能做的动作。

5　妈妈可以告诉宝宝："这是宝宝，那是妈妈。"

🦖 游戏延伸

这是帮助宝宝认识自己身体部位的好机会。妈妈可以指着宝宝的鼻子，再指指镜中的小鼻子说："这是宝宝的鼻子。"还可以抓着宝宝的手去摸自己的鼻子，再摸摸妈妈的鼻子。通过反复游戏，有助于帮助宝宝逐步认识自己的身体部位，例如眼睛、耳朵、嘴巴、头发、手、脚等。

🚀 玩中学

让宝宝照镜子，并引导宝宝对着镜子做动作，再让宝宝摸摸镜子，让宝宝感受到玻璃的触觉刺激，对培养宝宝的视觉和触觉都是有帮助的。看着镜中的自己，做各种动作，还有助于发展宝宝的自我意识，增强宝宝的认知能力。

▶ 游戏 ⑩

小鼹鼠钻山洞——爬行

（关键词：爬行能力、躯体运动、肌肉锻炼）

纸箱、桌子、床单、枕头，
都可以成为隧道或山洞。
宝宝在洞的这一头，
妈妈就在那一头。

小叮咛：

在做道具的时候，要仔细处理纸箱的边沿，可以用柔软的布条包上或宽胶带粘好，以免划伤宝宝的皮肤。

🦆 准备好了吗

一条柔软的地毯，装过大型家电或其他大型物品的空纸箱 2 ～ 3 个，并把纸箱两头的盖和底剪掉，使纸箱成为一个筒状，然后把纸箱横放在地毯上，当作要钻的山洞。

🏐 一起玩游戏

1 妈妈先给宝宝讲一下小鼹鼠钻洞的故事，并告诉宝宝："鼹鼠钻起山洞来可厉害了。"

2 妈妈把宝宝放在纸箱的一头，然后自己到纸箱的另一边，通过纸箱筒看另外一边的宝宝。

3 妈妈逗宝宝，让宝宝钻过纸箱，到妈妈这边来。妈妈可以边逗宝宝，边唱儿歌："小鼹鼠钻洞真灵巧，快点钻进山洞来。"

4 宝宝开始钻爬纸箱，妈妈又开始唱："钻呀钻，钻出山洞看见谁？妈妈，妈妈！"

5 如果宝宝不知道该怎么办，妈妈可以演示一下向纸箱中钻进去的动作。

6 宝宝通过纸箱筒爬到妈妈这边以后，妈妈应当给予适当的鼓励。

🦖 游戏延伸

在家中，家长可利用电动小玩具（如会走的小狗）等吸引宝宝爬行，当宝宝爬一段距离后，让他拿起玩具玩一会儿，加强兴趣。另外，爸爸妈妈还可以坐在两头，把床单围成隧道，鼓励宝宝来回钻爬；或用枕头做隧道两壁，用布或床单闭合，爸爸妈妈各在一头，让宝宝在隧道里钻来钻去。

🚀 玩中学

钻爬是一项非常有益于宝宝身心发展的大动作游戏。宝宝在爬纸箱的过程中，既锻炼了爬行能力，也锻炼了颈部肌肉、四肢和躯干的力量。可以说，全身大范围的肌肉在爬行中都得到了锻炼。宝宝在体验与妈妈做游戏的乐趣中，还可以培养勇敢、不怕困难的个性。

10 ～ 12 月龄

▶▶ **游戏** ⑪

小球圆滚滚——滚球

（关键词：手眼协调能力、社交能力）

小小球，
圆滚滚，
妈妈把球送宝宝，
宝宝把球送妈妈。

小叮咛：
妈妈推球的速度和力度要适宜，以免宝宝接不到球而感到沮丧。宝宝可能会爬起来拿小球，因此，应整理好周围杂物。

🦆 准备好了吗

准备一个塑料球或乒乓球，或是宝宝平时喜欢玩的其他球；柔软的地毯、床或沙发。

🏐 一起玩游戏

1　让宝宝坐在柔软的地毯或床上，妈妈盘坐或趴在地毯或床的另一边，与宝宝面对面。

2　妈妈拿出小球，双手慢慢地来回推球，一边推一边唱儿歌："小小球，圆滚滚，妈妈把球送宝宝。"

3　妈妈将球缓慢地推动，然后引导宝宝去接球。

4　宝宝接到球以后，妈妈引导宝宝唱儿歌："小小球，圆滚滚，宝宝把球送妈妈。"并让他把球推给妈妈。

5　宝宝每次成功地接到球或者每次成功地将球推过来，妈妈都应该给予宝宝鼓励，给宝宝鼓掌或说："宝宝真棒。"

🦖 游戏延伸

宝宝拿到小球后，可能不会立即和家长进行滚球游戏，家长可以让宝宝自己玩一下小球，比如扔球、丢球等，并随机应变，改变与宝宝的玩法。比如，宝宝扔球，家长接球，然后把球推给宝宝。

🚀 玩中学

这项游戏既可以锻炼宝宝手部活动的准确性，也提高了宝宝的视觉追踪以及与手部运动的协调配合能力。宝宝和妈妈"来回给东西"，是宝宝交往行为的体现，有助于培养宝宝的社交能力。

坐飞机——抬起、放下

（关键词：感官刺激、情绪发展、平衡感）

我要变成一只小鸟，
在天空无拘无束、
自由、快乐地飞翔。
没有烦恼，也没有忧愁。

小叮咛：

动作要轻柔、缓慢，以免吓到宝宝。托住宝宝时，两边要平衡。将宝宝举高时一定要注意将高度控制在安全范围内。

🦆 准备好了吗

准备一张柔软的垫子或地毯，或直接在床上或沙发上游戏。

🏖 一起玩游戏

1 妈妈仰躺在柔软的地上或床上，双腿弯曲，让宝宝趴在自己的小腿上，用小腿撑住宝宝的身体，双手扶住宝宝的背部或臀部。

2 宝宝面向妈妈，和妈妈进行目光交流，妈妈逗宝宝高兴。

3 妈妈慢慢将双腿抬高，宝宝的身体也会随之抬高，宝宝就会有悬空的感觉。妈妈还可以和宝宝说："飞机起飞咯！"

4 将宝宝举到半空中后，妈妈还可以用双腿的力量，前后、左右轻轻摇晃宝宝身体，宝宝会更加开心。

5 反复抬起、放下几次。游戏结束后，妈妈要把小腿伸直，让宝宝滑落到妈妈身上，妈妈和宝宝胸贴着胸，休息放松。妈妈还可以顺势用手抚摸宝宝的背部及全身。

🦖 游戏延伸

这个游戏也可以由爸爸来主导。在户外游玩或是散步时，爸爸可以把宝宝用双手举起来，一上一下，变化宝宝的身体高度。爸爸还可以小跑起来，让宝宝体验在空中飞翔的感觉。游戏过程中，爸爸妈妈可以多问问宝宝的感觉，鼓励宝宝表达其感受。

🚀 玩中学

这个游戏可以锻炼宝宝的颈部肌肉、头部的灵活性以及上半身的力量，培养宝宝的平衡感。反复玩几次，有利于消除宝宝身体的紧张感，帮宝宝适应自身位置的变化，从而提高宝宝的适应能力。身体高度的变化，还可以锻炼宝宝对空间的认知能力。

一棵开花的树——手印画

（关键词：动手能力、艺术潜能）

我的小手会变魔术，
蘸上色彩，
在纸上按一按，
看看小手变出了什么？

My family ☺

小叮咛：

宝宝画画时，家长不应局限太多，让他自己"乱涂乱画"即可。不要怕小家伙弄脏衣服和小手，过后擦洗干净就可以了。

🦆 准备好了吗

准备一张白纸，红色、绿色、黄色、蓝色等不同色彩的颜料，塑料盘，抹布，铅笔。

🏐 一起玩游戏

1 妈妈用铅笔在白纸上画出一棵大树的树干。在画的时候，让宝宝集中注意力，看妈妈是怎样画的。

2 妈妈摆出红色颜料，先在自己的手掌上涂上颜料，然后盖印在树干上。然后引导宝宝也这样做。

3 开始时，妈妈可以帮助宝宝完成，在宝宝的手掌上涂上绿色颜料，或是其他宝宝喜欢的色彩。

4 鼓励宝宝张开小手，将手盖印在妈妈的手印旁边。

5 用抹布把手上的颜料擦干净，然后依此涂完其他多种颜色，让画面看起来丰富多彩。

6 宝宝画完后，妈妈一定要及时表扬宝宝。

🦖 游戏延伸

除了手掌以外，还可以用胳膊、握起的拳头等来盖印，使画面效果丰富多彩，加深宝宝对艺术创作的兴趣。妈妈还可以准备一些有简单的水果和动物图案的卡片，先让宝宝看卡片加深印象，然后引导宝宝用手印画出各种各样的图案。妈妈可以将宝宝画好的画摆在显眼的地方，且至少摆 2～3 天，这样有助于加深宝宝的印象。

🚀 玩中学

和宝宝一起玩手印画游戏，可以发展宝宝的视觉空间智能，增强宝宝的动手能力。

▶ 游戏 14

推车——站立行走练习

（关键词：肌肉锻炼、肢体协调能力）

尝试松开双手吧，
让孩子自己走路试试看。
或许踉跄，或许跌倒，
但孩子总能学会的。

小叮咛：

宝宝进行站立行走训练时，一定要有家长在旁引导，以免发生意外事故，并注意清理好地面物品，以免宝宝绊倒。

🦆 准备好了吗

大纸箱或小推车 1 个，宝宝学步推车也可以。

🏐 一起玩游戏

1 爸爸妈妈平时可以让宝宝扶着栏杆、沙发等练习站立，也可以扶着宝宝腋下训练宝宝站立。

2 妈妈正面对着宝宝拉着推车，让宝宝扶着车的另一端。妈妈慢慢向后退，引导宝宝跟着自己的脚步慢慢地向前走。一边退一边鼓励宝宝："宝宝好棒，可以走起来了。"

3 慢慢改变后退的方向，慢慢拉着推车做弧线运动，提高宝宝肢体的灵活性。

4 也可以直接让宝宝推着大纸箱往前走。

5 为了增加游戏的趣味性，妈妈可以在大纸箱或小推车上放一个宝宝喜欢的布娃娃，让宝宝推着布娃娃往前走。

🦖 游戏延伸

爸爸妈妈可以准备若干小动物毛绒玩具，如小鸡、小鸭、小猫、小兔、小狗等。提前跟宝宝说明，今天要把小动物送回家。妈妈和宝宝可以先一起用积木给小动物搭个房子，或直接用纸箱当房子，房子上面可以贴上小动物的图片。然后引导宝宝用小推车装着小动物，把它们一个一个送回家。

🚀 玩中学

经常玩这类游戏，可以锻炼宝宝的腿部肌肉，训练宝宝走路时肢体的协调性；"把小动物用推车送回家"还能提高宝宝的认知能力，有助于其智力发育。

第三章

适合 1 ~ 2 岁宝宝的亲子游戏

1 ~ 2岁的宝宝能走和跑了，世界对他来说已经360°展开，爸爸妈妈可以多和宝宝玩一些促进平衡感、身体控制和精细动作发展方面的亲子游戏，帮助宝宝更好地探索世界。

13 ~ 15 月龄

▶游戏 ⑮

球球泡澡——数量、颜色

（关键词：触觉、观察力、认知能力）

咦，这是什么？
滑滑的，好像是个球。
一个、两个、三个……
然后，是几个？

小叮咛：

游戏时应注意宝宝的安全，如果宝宝拒绝或害怕做这个游戏，家长不要强迫，可以慢慢地引导宝宝用手或脚先进行触碰。

🦆 准备好了吗

浴缸或澡盆，各种颜色的塑料小球若干。

🏐 一起玩游戏

1 将澡盆放好水后，让宝宝先进入澡盆，同时告诉宝宝："今天我们一起和球球泡澡吧！宝宝可以自己找找看有多少球球和你一起泡澡哦！"

2 在宝宝的注视中，妈妈把五颜六色的塑料小球一个一个地慢慢放进澡盆中。让宝宝感受澡盆中从没有球到有球，渐渐到有很多球的变化过程。

3 妈妈可以问宝宝："宝宝看到妈妈丢的球没有？"同时，引导宝宝用手和脚去感受球，并说出感觉——"滑滑的"。

4 如果宝宝把球拿出来，妈妈还可以用夸张的语气说："哇，宝宝真棒，找到球球了。这是个什么颜色的球呢？"引导宝宝说出球的颜色。

5 妈妈把球放进澡盆的时候，可以同时报数："1、2、3、4……"让宝宝对数字有一个基本的概念。

🦕 游戏延伸

洗澡时还可以和宝宝一起数小球，培养宝宝对数字的基本认识。妈妈还可以边玩游戏边念数字儿歌，比如："1"像铅笔学写字，"2"像鸭子水上游，"3"像耳朵能听话，"4"像红旗迎风飘……让宝宝在妈妈的歌声中感受数字的熏陶。家长还可以准备大小不同的球，让宝宝对大和小也有一个基本的概念。

🚀 玩中学

通过与水、球等物品的接触，可以促进宝宝触觉的发展，提高宝宝的基本认知能力，还有助于增强宝宝对颜色的辨别能力。

游戏 16

种子发芽了——蹲下、起立

（关键词：身体运动、理解力、反应能力）

我是一颗小小的种子，

喜欢阳光和雨水。

妈妈说下雨了，

于是，我发芽了，长大了。

小叮咛：

两个指令不要间隔太长，宝宝的膝关节还比较脆弱，长时间半蹲会影响骨骼的生长。因此，游戏完成后，要带着宝宝一起做放松训练。

🦆 准备好了吗

不需要任何道具。爸爸妈妈可以选择宝宝情绪较好的时候进行游戏，并提前和宝宝沟通好，自己发出指令时宝宝应该怎么做。

🏐 一起玩游戏

1 宝宝蹲在地上，妈妈发出指令。

2 妈妈的指令是："大雨哗哗下，种子发芽了，哗—哗—哗。"

3 妈妈发出指令的时候，要让宝宝提高注意力。妈妈在说"哗哗"的时候，让宝宝慢慢地站起来。

4 如果妈妈停止"哗哗"的声音，宝宝就要保持当时的姿势不动，等妈妈接着说"哗哗"的时候，再慢慢站起来。

5 宝宝完全站起来后，再蹲下。重复步骤2到4。

🦖 游戏延伸

这种听指令做动作的游戏，随时随地都可以进行，而且方式也可以多变。比如，家长可以说"向前跑、向后跑、长大了、变矮了"等宝宝能够理解的词语，首先告诉宝宝怎么做，然后随意打乱指令顺序，让宝宝照着做，训练宝宝的判断及反应能力。随着宝宝长大，语言和理解能力增强，还可以由宝宝来"发号施令"，爸爸妈妈严格按照指令来执行，以增加游戏的趣味性。

🚀 玩中学

这一游戏可以锻炼宝宝的反应能力和大脑对身体的控制能力。蹲下起立的动作还可以增强宝宝腿部肌肉的力量。

夏天打雪仗——扔报纸球

（关键词：敏捷性、合作力、情感调节能力）

小宝宝都是喜欢雪的，
喜欢打雪仗。
然而只有冬天才会下雪，
那么，夏天想打雪仗了怎么办呢?

小叮咛：

在陪孩子玩游戏时，父母需要暂时"返老还童"，尽情发挥自己的想象力! 这样不仅对孩子有帮助，父母也能收获欢乐，释放压力。

🦆 准备好了吗

将客厅或房间整理出合适的空间，将报纸撕碎后揉成团，当作"雪球"。

🏐 一起玩游戏

1 爸爸妈妈事先给宝宝解释为什么冬天会下雪以及雪是怎么形成的等知识。然后告诉宝宝，虽然现在不能用真正的雪打雪仗，但可以用其他的方式来实现愿望。

2 爸爸妈妈拿出家中的旧报纸，和宝宝说："用报纸就可以了啊！"然后示范如何撕报纸，并将撕碎的报纸揉成团。

3 引导宝宝一起撕报纸，一起揉纸团。准备充分后，就可以开始一起打雪仗了。

4 爸爸妈妈可以和宝宝事先商定好规则，比如身体被打中就是输了、宝宝的活动范围、爸爸妈妈的活动范围等。

5 接下来就可以开始相互扔"雪球"了。

🦖 游戏延伸

家中有旧报纸的时候，爸爸妈妈还可以和宝宝一起玩报纸篮球游戏——和宝宝一起把旧报纸揉成报纸球，然后往篮子里扔。爸爸妈妈还可以和宝宝比赛，看谁投进篮子里的球更多。这个游戏既能让孩子开心，又能清理掉客厅的杂物，一举两得。

🚀 玩中学

孩子也需要缓解压力，储备积极的情绪。通过撕碎报纸的举动，既能缓解压力，又能释放能量。用报纸打雪仗，有助于锻炼宝宝全身的肌肉，也能让宝宝不断思索躲闪和扔东西的方法，还能提高宝宝的敏捷性。

"扑通"跳下水——练习表达

（关键词：语言表达能力、注意力）

一只青蛙一张嘴，
两只眼睛四条腿，
东瞧瞧呀西看看，
扑通一声跳下水！

小叮咛：
宝宝的注意力集中的时间是很短的，家长在讲故事和陪宝宝玩耍时，可以经常对宝宝提问，促使宝宝集中注意力。

🦆 准备好了吗

小青蛙和小鸭子玩具，装了水的小桶，动物图卡。

🏐 一起玩游戏

1　妈妈拿出装了水的小桶当作小河，将小青蛙和小鸭子玩具摆在一边。

2　妈妈一边展示动物图卡一边说出故事主题："嘎嘎嘎，今天天气真好，有个小动物来到了小河边，它想在小河里游个泳，嘎嘎嘎，宝宝知道它是谁吗？"

3　妈妈拿出小鸭子玩具，引导宝宝说出小鸭子。

4　妈妈继续说："一只小鸭子，嘎嘎嘎，嘎嘎嘎，'扑通'一声跳下水。"说到"扑通"时可以加重语气，同时将小鸭子玩具扔进水里。

5　让宝宝拿着小鸭子玩具，引导宝宝一起说："一只小鸭子，嘎嘎嘎，嘎嘎嘎，'扑通'一声跳下水。"并将小鸭子扔进水中。

6　妈妈拿出小青蛙玩具，说："小青蛙呢？它怎么叫，它跳到水里又会发出什么声音呢？"然后，妈妈将小青蛙玩具扔进水里，引导宝宝说："一只小青蛙，呱呱呱，呱呱呱，'扑通'一声跳下水。"

🦖 游戏延伸

家长还可以用其他的小动物玩具来玩这个游戏，比如："小乌龟，爬呀爬，爬呀爬，'扑通'一声跳下水。"宝宝对游戏感兴趣以后，家长还可以引导宝宝模仿动物的动作，尝试表演。比如，家长可以托起宝宝，让宝宝腿部自然地做弹跳动作，反复两次。一边跳一边唱："小青蛙，呱呱呱，'扑通'一声，跳到河里洗个澡。"

🚀 玩中学

这个游戏可以教会宝宝说拟声词"扑通"，并提高宝宝的注意力、语言理解能力及表达能力。

16 ~ 18 月龄

▶▶ 游戏 19

厨房小能手——切水果

（关键词：认知力、手眼协调、专注力）

切、切、切西瓜，
这里的西瓜大又甜，
一刀切下变两半。
宝贝，你会切了吗？

小叮咛：
注意游戏安全，别让宝宝伤到手。宝宝可能会将玩具放到嘴里咬，家长不必过于紧张，注意事先清洗干净即可。

🦆 准备好了吗

塑料玩具水果若干，如苹果、梨、香蕉、西瓜、猕猴桃、杧果、西红柿等；果篮，塑料玩具刀及砧板，水果盘等。

🏐 一起玩游戏

1 先教宝宝认识各种常见的水果。

2 把准备好的玩具水果放进果篮，放一个西瓜在砧板上。问宝宝："怎么吃起来方便呢？现在这样太大了，不好咬。"

3 和宝宝一起思考怎样把西瓜变小，可以用玩具刀将玩具水果切成小块。

4 妈妈切水果，宝宝拿水果：妈妈说出水果的名字，让宝宝从水果篮里拿出来相应的水果，然后妈妈给宝宝示范切水果。

5 宝宝看一会儿就会想要自己动手帮忙。这时，可以让宝宝来动手切，妈妈帮忙拿水果。妈妈不妨"偶尔"拿错，看宝宝是否能分辨出来。

6 其间，妈妈可以适时鼓励宝宝，夸宝宝："宝宝真棒，以后还可以帮妈妈一起做出美味可口的饭菜呢。"

🦖 游戏延伸

不仅仅是切水果，蔬菜、调味料等都可以成为厨房亲子游戏的选择。比如，买来的蔬菜和水果，可以问宝宝是什么颜色、什么形状，并让宝宝试着把相同形状或相同颜色的放在一起；还可以试着让宝宝触摸黄瓜、茄子等蔬果食材，鼓励宝宝说出感觉；做菜时让宝宝尝尝味道等。这些对锻炼宝宝的感知能力和认知力都有帮助。

🚀 玩中学

切水果的游戏有助于宝宝认识日常食物的颜色、形状等，提高宝宝的辨别力及认知能力。切水果的过程还能提高宝宝的手眼协调能力和专注力。

游戏 ⑳

和影子赛跑——踩影子

（关键词：肢体协调能力、反应能力、视力发展）

妈妈，快看!

我站在你的身上呢!

你感觉到了吗?

现在轮到你来追我的影子啦!

> **小叮咛：**
> 游戏时，提醒宝宝不要跑得过快，以免摔倒。注意周围的环境、过往的车辆，地面是否平整等，以保证宝宝安全。

🦆 准备好了吗

选择阳光充足的户外场所，如公园、院子、小路等；爸爸妈妈可以事先和宝宝聊聊关于影子的话题：影子是什么？从哪儿来？是怎么来的？

🏐 一起玩游戏

1 妈妈带宝宝在阳光充足的户外玩耍的时候，装作不经意间靠近他的影子，并站在上面说："哇，宝宝，妈妈踩到你的脚了！"

2 宝宝可能会四处查看并跳开，他的影子也跟着挪开了。

3 妈妈可以跟着宝宝跳起来，继续去踩他的影子。可以夸张地上蹿下跳，对宝宝说："踩到胳膊啦！从身上跳过去了！哈哈！"一直追逐、一直跳，直到宝宝明白你在做什么。

4 宝宝肯定也会试着去踩妈妈的影子。这时妈妈可以先慢慢跑，待宝宝快要追上时再灵巧地闪开。让宝宝既能体验到即将成功的喜悦，又不至于太疲惫。

5 也可以和宝宝互相踩影子，比一比谁能不被对方踩到，踩到就输了。

6 这样玩一会儿后，妈妈可以跟宝宝说："刚刚宝宝踩到妈妈的头发了，可是妈妈没什么感觉，这是为什么呢？"然后问宝宝的感觉，和宝宝一起聊聊答案。

🦕 游戏延伸

在和宝宝玩踩影子游戏时，可以用粉笔在地上描出自己和宝宝的影子。然后和宝宝一起聊聊影子和真人有什么不同。平时爸爸妈妈也可以时常和宝宝玩看动物剪影猜动物的游戏，增强宝宝的想象力和认知能力。

🚀 玩中学

宝宝玩耍和实验的过程，也是探索自然现象的过程。这个过程有助于促进宝宝视力的发展，增强宝宝的反应能力、认知能力和探索能力，同时还能提高宝宝的肢体协调能力，加强行走的稳定性。

▶ 游戏 **21**

分果果——分享游戏

（关键词：社交能力、分享精神）

分享，不只是一种行为方式，
更是一种美德。
让孩子学会分享，
关键在于体验。

小叮咛：
宝宝不愿意分享时，父母不应勉强。另外，父母平时的言行也应起到榜样作用，这样才能让宝宝学到更多有益的东西。

🦆 准备好了吗

准备两个宝宝经常玩的毛绒玩具，一大篮或一大盘各式各样的水果；将毛绒玩具摆在餐桌旁的椅子上，妈妈和宝宝坐在一旁。

🏐 一起玩游戏

1 将一大盘水果放在宝宝的手旁边，妈妈对宝宝说："大熊想吃苹果，宝宝可以帮它拿一个吗？"

2 当宝宝拿苹果给大熊后，妈妈可以靠近大熊，扮演大熊的角色，和宝宝说："大熊说，苹果好甜，谢谢宝宝呢！"然后让宝宝拿其他种类的水果给另外一个玩偶。

3 当宝宝熟悉游戏玩法后，可以增加水果的种类；也可以角色互换，由宝宝来发出指令。

4 不仅仅限于玩偶，妈妈也可以趁此机会和宝宝说："妈妈想吃一个桃子，可不可以分一个给妈妈吃呢？"宝宝分给妈妈后，妈妈也要说"谢谢"，并高高兴兴地吃一口。

5 家中来客人后，也可以经常让宝宝给客人递食物，久而久之宝宝就会养成与人分享的好习惯。

🦖 游戏延伸

父母可以多为宝宝创造与其他小朋友接触的机会，比如邀请有小孩的一家人到家中来做客，或是和其他有小孩的家庭组团去郊游等，让宝宝在潜移默化中培养社交能力以及与人分享、合作的能力。父母还可以找机会教宝宝一些文明礼貌的动作和语言，比如，收到其他小朋友分享的东西后要说"谢谢"，和小朋友分手时要说"再见"等。

🚀 玩中学

让宝宝练习传递东西给别人，可以让他慢慢学会与人分享，养成乐观开朗的性格以及与人交流的好习惯。

闪亮的小·星星——唱歌游戏

（关键词：听觉、记忆力、韵律感）

每一个小宝宝，

都是一颗小星星，

在爱的沐浴下，

闪烁着耀眼的光芒。

小叮咛：
建议选一些经常给宝宝念的儿歌，这样宝宝会留下很深的记忆，更容易找到节奏感，从而培养宝宝的自信。

🐤 准备好了吗

床、沙发或者垫子。

🏐 一起玩游戏

1. 妈妈和宝宝一起面对面坐在床上、沙发上或垫子上，并让宝宝坐在自己的膝盖上。

2. 握住宝宝的小手，带着宝宝一起唱《闪亮的小星星》。妈妈在唱每句歌词的最后一个字时，声音稍大，同时拍拍宝宝的小手。比如：一闪一闪小星星（拍手），满天都是小星星（拍手）！高高挂在天空上（拍手），就像钻石放光明（拍手）。

3. 接着说："宝宝唱得真好，你唱给妈妈听看看！"

4. 让宝宝哼唱歌谣，妈妈拍手。如果宝宝唱不完整，妈妈可以有意识地提醒他，比如："一闪一闪……"，宝宝会接着唱"一闪一闪小星星，满天都是……"。

5. 每次当宝宝哼唱出几个音调时，妈妈都要及时鼓励宝宝，拍手或是用眼神鼓励，或是直接说"宝宝真棒"。

🦖 游戏延伸

1岁半左右的宝宝已经开始有了主动性，在唱儿歌时，妈妈可以鼓励宝宝按着歌词中的含义，做出一些夸张的表情和动作，有助于宝宝进一步理解语言和情感表达。也可以让宝宝多听一些简单的英语童谣，在娱乐中锻炼语感。

🚀 玩中学

这种类型的唱歌游戏，可以让宝宝感受语言的节奏，既提高了语言的能力，增强了韵律感、记忆力，同时也激发了宝宝的学习兴趣。

19 ~ 21 月龄

▶▶ 游戏 ㉓

谁和谁一起——匹配游戏

（关键词：记忆力、判断力）

🦆 **准备好了吗**

几张卡片，比如小羊、小鸟、小猫以及小草、树、鱼的卡片。

🚀 **玩中学**

色彩鲜艳、图形可爱的卡片能吸引宝宝的注意力，通过此游戏能锻炼宝宝的听力、理解力、判断力、记忆力，还能丰富宝宝的想象力。

🏐 **一起玩游戏**

1 拿出准备好的卡片，给宝宝讲一个简短的句子，比如"小羊饿啦，要去草地吃草啦""天黑了，小鸟要回到树上睡觉了""小馋猫，想吃鱼"。

2 妈妈说完一句后，引导宝宝跟着说关键词，比如"猫""鱼"，加深记忆。

3 引导宝宝凭记忆把相关的图片放在一起，比如妈妈问"小鸟在哪里睡觉呀？"当宝宝拿起小鸟和树的卡片时，妈妈拍手表示鼓励。

小叮咛：

随着宝宝能力的增强，可以逐渐增加句子的信息和卡片数目，比如一个句子包含4张卡片，让宝宝进行匹配。

▶️游戏 ㉔

小羊在哪里——藏猫猫和追逐

（关键词：运动能力、亲子交流）

🦆 准备好了吗

宝宝精力充沛的时候；较大的活动空间。

🚀 玩中学

这个游戏不仅能锻炼宝宝的运动能力，而且能让他体会与爸爸妈妈一起游戏的快乐，进而增进亲子之间的感情。

🏐 一起玩游戏

1 告诉宝宝由妈妈扮演羊妈妈，宝宝扮演小羊，爸爸扮演大灰狼。

2 妈妈带着宝宝躲起来，爸爸一边说着"小羊小羊你在哪里"，一边寻找"小羊"的藏身之处。

3 宝宝被找到后，爸爸大笑着张开双手假装向宝宝扑去，妈妈立刻告诉宝宝"咱们快跑"，引导宝宝"逃跑"。

4 最后爸爸抓住宝宝搂得紧紧的，并说："我要吃掉小羊"，激发宝宝的愉快情绪。

小叮咛：
地面上散落的物品要清理干净，以免"小羊逃跑"时被绊倒；活动前爸爸妈妈可以边唱歌边带着宝宝做热身。

▶▶ 游戏 ㉕

做一条项链——穿珠游戏

（关键词：视觉空间智能、精细动作）

把一颗颗淘气的小珠子，
用绳子穿成漂亮的项链，
亲手给妈妈戴上，
让妈妈感受宝宝纯真的爱。

小叮咛：
在游戏的过程中，妈妈既不要干扰宝宝，让他专心游戏，又要注意观察，防止宝宝将珠子吞入口中发生意外。

🦆 准备好了吗

鞋带 1 根（或者 50 厘米长的棉绳 1 根），红、黄、蓝、绿四种颜色的带孔珠子若干，小盒 1 个。

🏐 一起玩游戏

1 妈妈把各色珠子摆在小盒里，放在宝宝面前，在摆弄中引导宝宝感知颜色，比如请宝宝找出黄色的珠子，并不时地表扬宝宝。

2 妈妈将事先准备好的鞋带拿出来，告诉宝宝："妈妈教你把漂亮的珠子穿成项链好不好？"然后将鞋带的一头打上结，开始给宝宝做示范。

3 一边示范一边说："一手捏着绳子的一头，一手拿着珠子，对准珠子的孔，从这里把绳子穿过去就可以啦。"然后邀请宝宝尝试。

4 宝宝刚开始穿时，在尝试了几下发现有难度后，渐渐地注意力会下降，妈妈可以不断地用儿歌化的语言进行引导，比如："小绳子，头尖尖，钻钻钻，钻进山洞去。"提高宝宝操作的兴趣。

5 经过尝试，慢慢地宝宝就能将鞋带对准珠子的孔穿进去了，当宝宝穿到一定长度时，妈妈可以惊喜地说："宝宝，你穿的项链好漂亮哦，可以帮妈妈戴起来吗？"

6 得到妈妈的夸奖，宝宝往往会兴奋地同意，这时妈妈将鞋带的两头打结系在一起，让宝宝给自己戴上，最后妈妈可以用拥抱作为感谢。

🦕 游戏延伸

根据宝宝的能力，一开始要选择孔比较大的珠子，让宝宝可以相对容易地穿过去，之后孔的大小、鞋带的粗细可以随宝宝能力的提高做调整。刚开始时，不要对宝宝要求过高，让他慢慢穿、随意穿；熟悉之后可以用比赛的形式促使宝宝进一步加快速度。还可以要求宝宝把两种以上颜色的珠子间隔起来穿。

🚀 玩中学

这个游戏可以充分锻炼宝宝的手眼协调能力和精细动作能力，培养他的专注力，同时还能让宝宝感知色彩，培养视觉空间智能。这个年龄段的宝宝通常不愿把自己的东西给别人，爸爸妈妈通过游戏引导他将自己做好的项链给妈妈戴上，可以让他体验分享的快乐。

伸伸手脚——学穿衣服

（关键词：自理能力、独立性）

左脚钻进左山洞，
右脚钻进右山洞，
呜呜呜呜呜呜呜，
两列火车出山洞。

小叮咛：

刚开始时，爸爸妈妈可以帮宝宝拿着上衣、裤子，调整位置让宝宝的手、脚能顺利地伸进去，一边帮忙一边讲解，然后再逐渐减少帮助。

🦆 准备好了吗

宝宝的上衣、裤子；宝宝从睡醒后蒙眬的状态中清醒过来的时候。

🏐 一起玩游戏

1　宝宝起床后，妈妈教宝宝穿衣服。妈妈拿起一件套头衫，和宝宝一起观察，并对他说："小熊在这里，这是正面。"

2　妈妈抻起衣服的一只袖子，告诉宝宝："我们先把左手穿进去，宝宝把这边的手抬起来，钻进袖子里去。"当宝宝把手伸进袖子里，妈妈可以兴奋地说："是谁的小手钻进袖子里了，快出来吧。哇，小手伸出来了。"

3　妈妈可以亲一亲宝宝的小手，再引导宝宝把另一只手穿进袖子里。

4　当宝宝的双手都伸进袖子里后，帮助宝宝把领口套到头顶上，大声说着："小脑袋要钻出山洞啦。"告诉宝宝一低头再向上抬，头就从领口出来了，"快把小肚脐藏起来"，一边说着一边引导宝宝把衣襟拉下来。

5　接着穿裤子，先让宝宝两腿前伸坐好，妈妈坐在宝宝身后，对宝宝说："火车进山洞啦。"引导宝宝将一条腿伸入裤腿内，"哎呀呀，这条腿迟到啦，赶快进山洞吧！"让宝宝把另一条腿也伸入另一条裤腿中。

6　让宝宝站起来，一边说着"赶快提起来，把小屁屁遮住"，一边引导宝宝将裤腰提过膝盖，再向上提到腰部。

7　穿好衣服和裤子，带宝宝到镜子前照照镜子，夸奖宝宝："宝宝今天自己穿衣服，真神气。"

🦖 游戏延伸

宝宝是有好胜心的，爸爸妈妈可以和宝宝进行穿衣比赛，在早上起床穿衣服的时候故意装出找不到袖子、裤子穿歪了的样子，但又要时不时"警告"宝宝："爸爸妈妈马上就要穿好了。"让宝宝在欢笑声中不由自主地加快速度。比赛要适当地让宝宝赢几次，以满足宝宝的自豪感，增强他对自己穿衣的自信心。

🚀 玩中学

让宝宝从小开始学着自己穿衣服，并用玩游戏的方法引导他加强练习，能培养他独立生活的能力，将来等他自己上了幼儿园或者住校以后，也能更好地照顾自己。

22 ~ 24 月龄

▶▶ 游戏 ㉗

拼起来——拼图游戏

（关键词：逻辑思维、专注力）

拼图前，要动脑，
完整形状先记牢，
找出碎片仔细瞧，
拼出图形多奇妙。

小叮咛：

通常，拼图都是从日常生活中宝宝熟悉的物品拼起的，这样宝宝才能按照逻辑拼出正确的图形，树立自信心，对拼图产生兴趣。

🦆 准备好了吗

水彩笔，黑色马克笔，儿童剪刀，白色卡纸。

🏐 一起玩游戏

1　第一次玩拼图游戏时，可以从简易的形状开始。爸爸可以自己制作这种拼图，在白色卡纸上用黑色马克笔分别画出圆形、正方形、三角形、心形。

2　鼓励宝宝用不同颜色的水彩笔在图形中空白的部分涂色，引起宝宝的兴趣。

3　爸爸手把手地教宝宝用儿童剪刀把这几个形状剪下来，向宝宝讲述这些形状的特征，让宝宝认识这四种形状。比如："这是三角形，有三个尖尖的角。""这是圆形，有圆圆的身子。"

4　接下来爸爸将四种形状的卡片分别剪成两半，并把它们打乱，然后让宝宝把剪开的卡片拼回原来的形状。

5　如果宝宝一开始不知道该如何着手，爸爸可以示范一下，先拿起一个半圆形和半心形的碎片，试着把边缘拼到一起，一边拼一边说："把两个边缘对着放好，不是一样长的，不能拼到一起，我再试试另外一块。"

6　宝宝很快就能知道要按照碎片的边缘拼接，并且跃跃欲试，经过尝试最终将所有的形状都拼对，爸爸要及时地夸奖宝宝。

🦖 游戏延伸

等宝宝熟悉了玩法，爸爸就要逐渐提升拼图的难度，所选用的图形可以是宝宝熟悉的动物、水果、日用品等，碎片也可以剪成更多块。随着宝宝逻辑思维的增强，还可以选择更复杂、碎片更多的场景图用来拼图。

🚀 玩中学

这个游戏能够锻炼宝宝的逻辑思维能力，因为宝宝在尝试不同选择的过程中，是经过了观察、假设、判断、选择一系列思考过程的，这是他在用逻辑思维解决问题。宝宝坚持完成拼图，对他的耐心和专注力也是很好的培养，拼图完成后还能增强他的自信心。

游戏 28

摸到什么了——猜物

（关键词：触觉、记忆力）

大大的箱子里都装了什么？
摸一摸，猜猜看。
弯弯的，软软的，光滑的……
到底摸到了什么呢？

小叮咛：
一开始玩这个游戏时，可以放
几样宝宝特别熟悉、特征明显的
物品，数量少一点。注意不要放
剪刀、削尖了的铅笔等有危
险的物品。

🦆 准备好了吗

一些宝宝熟悉的物品，比如积木、皮球、牙刷、小玩偶等；一个六面封闭的大纸箱；笔；剪刀。

🏐 一起玩游戏

1 妈妈把大纸箱拿出来，调动宝宝的好奇心，并对宝宝说："宝宝想玩摸一摸、猜猜看的游戏吗？我们来做一个摸箱吧！"

2 妈妈用笔在纸箱的一面画两个平行的圆，圆要大于妈妈的拳头，让箱子里的物品可以从中取出来，再用剪刀剪下这两个圆，摸箱就做好了。

3 妈妈将所有准备好的物品摆出来让宝宝看一看，让宝宝说说它们是什么，再用手摸一摸，感受一下。

4 妈妈把物品从圆洞里放进去，摇晃均匀，然后伸手进去摸，一边摸一边说："软软的，毛茸茸的，是什么呢？"引起宝宝的好奇，然后惊喜地说："我知道了，是玩具小狗！"

5 妈妈将玩具小狗取出来验证，鼓励宝宝将手从圆洞伸进去，可以伸一只手，也可以双手摸，告诉宝宝只能摸不能看，每次抓住一样物品，猜了以后取出来验证，之后才能摸下一个。

6 宝宝刚开始玩时可能不容易猜对，但经过多次的练习，他会逐渐通过触觉分辨出摸到的物品。如果宝宝说对了，妈妈要惊讶地问宝宝是怎么猜中的，鼓励宝宝简单说出理由。

🦖 游戏延伸

随着宝宝手感分辨能力的增强，妈妈可以逐渐提高宝宝猜物的难度。可以增加物品的数量，也可以要求宝宝按指示摸一摸，凭触觉把妈妈指定的物品找出来，比如"摸出一个软的东西""摸出一个香蕉""摸出一个三角形的积木"等；还可以事先准备一个宝宝熟悉的物品放进箱子里，让他摸一摸、猜一猜。

🚀 玩中学

这个游戏需要宝宝通过触摸感受物品的软硬、形状、重量等特征，既能锻炼触觉，提高触觉辨别能力，又能在不能看的情境下，让宝宝凭借触觉记忆判断手中的物品，进一步强化宝宝的记忆力和想象力。

把玩具送回家——收拾玩具

（关键词：肢体配合、责任心）

宝宝在外面玩累了想回家，
玩具也有属于自己的家。
宝宝拿出来后它们自己回不去，
记得要把它们送回家。

小叮咛：
让宝宝乖乖地收拾玩具是一件很难实现的事，如果把它改变成好玩的亲子游戏，就会吸引宝宝参与其中。

🦆 准备好了吗

宝宝玩过之后散落着玩具的房间。

🏐 一起玩游戏

1 妈妈平时在房间中固定一个地方，将放玩具的置物箱或柜子作为玩具的家，并告诉宝宝："玩过之后要送玩具回家。"

2 宝宝也许觉得"玩具的家"这个说法十分有趣，会乐此不疲地重复，印象深刻，但"把玩具送回家"这个要求可能无法引起他的兴趣，被他忘到脑后。

3 一开始，当宝宝玩完玩具时，妈妈可以用宝宝感兴趣的方式牵引着宝宝把玩具送回家。比如用一块枕巾大小的软布做"担架"，把玩具放在上面，和宝宝一人抓住一头，把玩具"抬回家"。

4 或者告诉宝宝"我们来玩玩具接力的游戏"。妈妈站在玩具箱的旁边，宝宝站到散落玩具的地方。让宝宝把玩具递给妈妈，每次只要求宝宝拿一件玩具，宝宝拿回一件玩具后，再交换位置进行。

5 当宝宝把玩具都送回玩具的家中时，妈妈要夸奖宝宝："你刚才自己把玩过的玩具都送回了家，你表现得很棒，要坚持下去哦！"

🦖 游戏延伸

刚开始时爸爸妈妈要同宝宝一起，参与到收拾玩具的游戏中来，以调动宝宝的积极性，之后再逐渐减少在游戏中的参与度，让宝宝自己完成。可以尝试用另外一件家务和宝宝比赛，比如："马上要吃饭了，我现在去摆碗筷，你把玩具送回家，看看咱们谁先完成。"除了可以和宝宝一起收拾玩具以外，爸爸妈妈还可以和宝宝一起整理图书、折叠衣服等，把图书收拢、衣服叠好后放到指定的位置，让宝宝学会物归原处。

🚀 玩中学

这个游戏可以把收拾玩具的行为变成有趣的过程，让宝宝渐渐养成吃饭、睡觉或外出前将玩具放回原处的习惯，培养他的责任心。在收拾玩具的过程中，需要宝宝手、脚、眼睛的配合，这也是对宝宝肢体协调能力的一种训练。

小·小·发明家——纸杯有线电话

（关键词：创造力、语言表达）

对你和孩子来说，电话到底意味着什么？

只是通话的工具，还是情感交流的桥梁？

动手做一个专属于你们的有线电话，

让爱的悄悄话传递到彼此的心里吧！

小叮咛：

当一个人对着纸杯说话的时候，另一个人把纸杯放在耳朵上听，要把线抻直一点儿，才能更好地传递声音。

🦆 准备好了吗

两个一次性纸杯，一根 2 ~ 3 米长的棉线，剪刀。

🏐 一起玩游戏

1 爸爸将准备好的材料拿出来摆在桌子上，吸引宝宝的注意力之后，告诉他你准备做一个专属于你们两人的有线电话。

2 爸爸用剪刀在两个纸杯的底下各扎一个小孔，将棉线的两端分别穿进去，打好结，确保棉线不会跑出来。

3 宝宝心中会好奇有线电话到底是什么，他可能从来没见过。爸爸在做电话的过程中，可以同时告诉宝宝：在以前，我们没有手机，远距离的人通话就是用有线电话，它具有和手机一样的功能哦。

4 电话做好了，爸爸和宝宝各拿一个纸杯，告诉宝宝："把纸杯放在耳朵上听听吧。"

5 爸爸走到一定距离之外，直到棉线抻直，但不要绷得太紧。爸爸对着纸杯轻轻地说："这是谁的电话呀？"

6 宝宝看到爸爸的做法可能会模仿爸爸的动作，把电话从耳朵上拿开放到嘴边，爸爸可以告诉他："宝宝你得把纸杯放到耳朵上才能听到爸爸说话哦。"

7 宝宝通过纸杯听到爸爸的话会觉得很神奇，可能会"咯咯"地笑，可能会大声回答："宝宝的。"总之他不一定按你设想的"正确使用方法"来使用这个有线电话，你只需要给他空间去自由发挥。

🦖 游戏延伸

当对着纸杯说话时，纸杯就像一只话筒一样，它聚拢了声波，然后声波经过棉线传到了另一只纸杯上，把声音传到耳朵里。当宝宝五六岁之后，爸爸妈妈依然可以和他玩这个游戏，并把原理告诉他。

🚀 玩中学

这个游戏是锻炼宝宝语言能力的好方法，可以一直持续下去，爸爸妈妈和宝宝之间的对话会日渐丰富。这个阶段的宝宝对陌生事物的好奇心很重，他会按自己的意愿"研究"直到满足好奇心为止，这也是激发创造力的过程。

第四章

适合 2 ~ 3 岁宝宝的亲子游戏

    这个阶段的宝宝已经学会了很多本领，他的语言能力、想象力、身体运动能力突飞猛进，适合他的游戏越来越多了，和宝宝继续进行各种好玩的亲子游戏吧，帮助他愉快地度过幼儿期。

25 ～ 30 月龄

游戏 31

家庭菜园——种菜

（关键词：探索欲、耐心）

准备好了吗

一份蔬菜或花卉的种子，花盆，铲子，浇水的小水壶，土，肥料。

一起玩游戏

1. 妈妈在花盆中装入一些土和肥料，然后和宝宝一起种植。
2. 指导宝宝用小铲子挖一些土，把种子撒进去，适当地浇一些水。
3. 把花盆放到阳台上，让宝宝每天观察种子的变化，并描述它的状态，和宝宝一起按时给它浇浇水。

玩中学

植物的生长变化能激发宝宝的探索欲，等待的过程也许会让他焦急，一旦植物长出来他就会倍感欣喜，这也有助于培养宝宝的耐心。

小叮咛：
植物的生长是一个漫长的过程，如果宝宝的耐心不足，妈妈可以选择种植生长期短的植物，如蒜苗。

游戏 32

宝宝今天开心·吗——描述经历

（关键词：语言能力、记忆力）

🦆 **准备好了吗**

带着宝宝到户外玩耍；回到家中后一起聊天。

🚀 **玩中学**

2岁左右是宝宝语言表达能力发展最快的时期，宝宝变得话多了起来。爸爸妈妈要有意识地引导宝宝描述自己的见闻，可以使宝宝的记忆力、语言能力得到更好的开发，对他的成长很有帮助。

🏐 **一起玩游戏**

1　爸爸带宝宝到公园玩耍的时候，可以指着公园里的东西不断向宝宝提问，鼓励他表达。

2　回到家中后，妈妈问宝宝："宝宝今天去了哪里玩呀？"宝宝回答后，妈妈可以接着向他提问："那你都见到什么了？"

3　宝宝会几个字几个字地把他的见闻都说出来，可能会漏掉一些，爸爸可以从旁提示："公园里有人在放什么，高高地飞在天上的"，引导宝宝充分表达。

> **小叮咛：**
> 爸爸妈妈要引导宝宝讲述自己的见闻，讲得不完整的地方再由爸爸妈妈补充，让宝宝把句子内容完善起来。

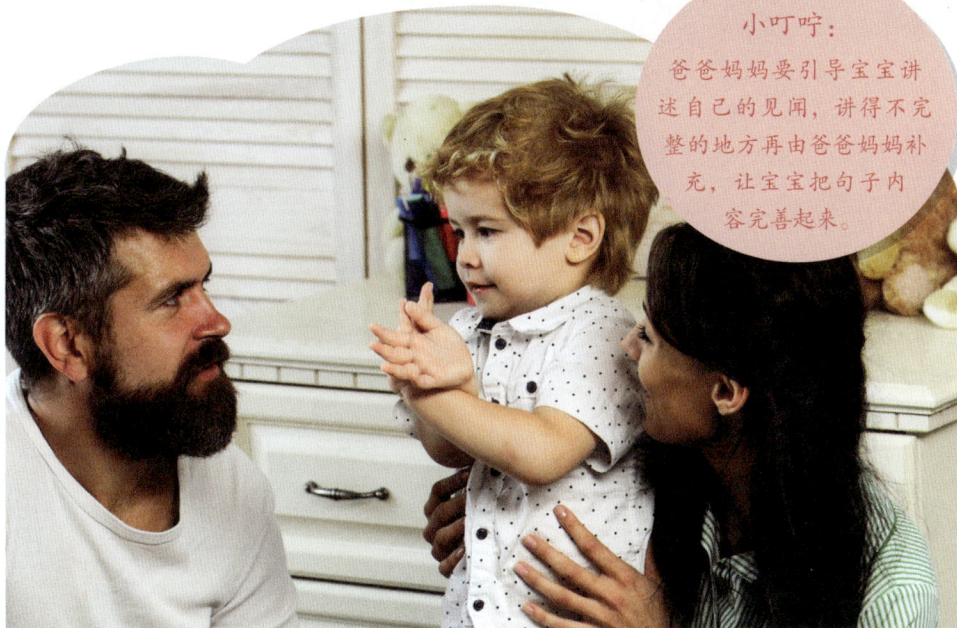

橡皮筋的魔法——勾出图形

（关键词：专注力、精细动作发展）

宝宝有一双神奇的手，
给他几根彩色橡皮筋，一块钉板，
你就会发现，
原来宝宝的巧手会变魔法。

小叮咛：

建议选用钝头钉和塑料小锤子，以免宝宝在锤钉子时伤到自己。还可以鼓励宝宝将这个游戏分享给朋友，在一起玩的过程中培养合作能力。

🦆 准备好了吗

一块 46 厘米 × 20 厘米 × 4 厘米的泡沫板，4 厘米长的钝头钉，塑料小锤子，若干颜色、长短各异的橡皮筋。

🏐 一起玩游戏

1 爸爸在泡沫上每隔 4 厘米画一个小点，画上几排。

2 让宝宝将钝头钉插在对应的点上，然后用塑料小锤子敲钉子，不要全钉进去，要高出泡沫板表面 1.5 ~ 2.5 厘米，宝宝还没有这么精确的长度概念，等留到合适的高度爸爸就要让他停止，开始敲下一颗。

3 钉板做好后，给宝宝橡皮筋，让他自己研究一下，先不要指导他该怎么做。

4 在宝宝用橡皮筋在钉板上勾出不同形状的时候，问他："你是怎么做到的，可以教教我吗？"

5 在宝宝用动作演示或语言指导的时候，爸爸跟着宝宝做；如果宝宝不知道怎么指导爸爸，就让他仔细看勾出的图形，然后尝试着把思路大声说出来："先用一条长皮筋穿过 3 个钉子，然后……"

6 爸爸也可以在钉板上做一个简单的图形，并说出自己的思路，描述自己的动作，让宝宝学着做。

🦖 游戏延伸

在宝宝熟悉了玩法之后，爸爸可以带着宝宝做更复杂的图形。爸爸也可以用准确的词语描述颜色、形状及其他属性，让宝宝照着做，比如："我要用蓝色的长皮筋勾出一个三角形。"不要担心宝宝不能理解这些词，他观察爸爸的动作就会明白其中的意思。随着宝宝认知能力的增强，可以逐渐加强图形的复杂程度。

🚀 玩中学

对于这个阶段的宝宝来说，让他勾出一个图形并用言语将步骤描述出来是有难度的，当他能够成功做到时，他的自信心无疑会得到很大提升；而且这个游戏要求宝宝十分投入，可以提升宝宝的专注力，同时还能锻炼宝宝手指精细动作的发展。

▶ 游戏 ㉞

春天到——认识春天

（关键词：语言能力、音乐智能）

盼望着，盼望着，
春天的脚步近了。
带着宝贝一起去外面，
认识五彩斑斓的春天吧！

小叮咛：

春天万物复苏，花儿开放，是比较容易出现花粉过敏的季节，爸爸妈妈在带宝宝外出游玩的时候，一定要注意。

🦆 准备好了吗

有关春天的图片、儿歌，以及"春天""蝴蝶""蜜蜂"等字卡、相机等。

🏐 一起玩游戏

1 找一个阳光灿烂的日子，妈妈带上宝宝一起去家附近的公园踏青，一起认识春天的景色，包括小花、小草、蜜蜂、蝴蝶等。

2 妈妈和宝宝找一个长椅坐下。

3 妈妈拍手说儿歌《春天到》，鼓励宝宝一起拍手，一边跟着说儿歌。

4 妈妈说两遍儿歌以后，让宝宝记住重点词句及动作：①"春天到，空气好。"——双手上举，左右摆动。②"草儿绿，鸟儿叫。"——左右拍手。③"花儿朵朵开口笑。"——双手手腕相合。④"蜜蜂蝴蝶齐舞蹈。"——学小鸟飞。

5 之后妈妈可以问宝宝："谁来这首儿歌里面做客了呢？"引导宝宝回忆儿歌的内容，加深记忆。

6 接着妈妈可以拿出有关春天的图片和字卡，教宝宝认字及学习。

7 妈妈和宝宝一起用相机记录春天的美好景色，还可以给宝宝拍一些照片。

🦖 游戏延伸

等到宝宝大一些的时候，可以让他试着背诵有关春天的儿歌，还可以让他自己尝试拿画笔画出自己眼中的春天的美好景色。平时在家里的时候，也可以时不时地让宝宝复习一下自己学过的儿歌、字词等，加深宝宝对于春天的印象。

🚀 玩中学

通过对儿歌的学习和背诵，可以增强宝宝的语言表达能力，如果再加上动作的配合，则能进一步锻炼宝宝的手脚协调能力。在郊游的过程中，妈妈和宝宝的亲子关系也会得到进一步的提升。

泡泡的产生——制作泡泡水和吹泡泡

（关键词：合作力、学习兴趣）

吹泡泡，追泡泡，
泡泡的世界五彩斑斓，
就像孩子美好的童年，
永远不会褪色……

小叮咛：

在制作泡泡和陪宝宝玩吹泡泡的过程中，爸爸妈妈要注意宝宝的安全，防止他把肥皂水误吸入肚子中，引起中毒。

🦆 准备好了吗

甘油、洗衣粉、洗洁精、清水各适量，盛放泡泡水的容器以及吹泡泡的工具若干。

🏐 一起玩游戏

1 首先，和孩子一起制作泡泡水。准备一个容器，倒入适量清水，加入一点儿甘油。

2 再倒入适量洗衣粉、洗洁精，飞快地搅拌片刻。

3 最后放入少许甘油或者食盐，就做成泡泡水了。

4 将做好的泡泡水装进吹泡泡的瓶子里，和宝宝一起到室外准备玩耍。

5 爸爸先吹泡泡给宝宝看，吹的时候反复对宝宝说："一个大泡泡，一个小泡泡，泡泡飞起来了。"

6 爸爸继续吹泡泡，妈妈抱着宝宝打泡泡，边打边说："打""破"，反复游戏。

7 爸爸吹泡泡，妈妈带着宝宝一起去追泡泡。

8 爸爸吹泡泡，妈妈在旁边引导宝宝，问他："宝宝，你看这些泡泡像什么？"宝宝一般会回答"像皮球、像太阳、像纽扣"等5个左右的名词。

🦖 游戏延伸

如果宝宝的模仿能力和动手能力强的话，可以让宝宝尝试着自己吹泡泡，爸爸妈妈在一旁指导，看能否成功。如果成功了，可以一家三口轮流吹泡泡，或者让宝宝和其他小朋友一起比赛吹泡泡。此外，爸爸妈妈也可以尝试吹出多个粘在一起的泡泡，让宝宝说像什么。

🚀 玩中学

对于两岁多的孩子来说，让他吹出又大又圆的泡泡可能会有点儿难度，但是这可以拓展他的思维由平面向立体移动。通过比较泡泡的大小和多少，还能锻炼孩子的数学思维能力。此外，透过泡泡来观察身边的事物，能增强宝宝的视觉感知能力。

树叶真美——标本和拼图游戏

（关键词：创造力、想象力）

绿的，黄的，红的，
五彩的树叶编织灿烂的梦，
带宝宝一起去大自然中，
和树叶零距离接触吧！

小叮咛：

妈妈要从小培养宝宝爱护花草树木的意识，尽量带宝宝去找寻已经掉落的树叶，提醒宝宝不要去摘还长在植物上的叶子和花朵。

🦆 准备好了吗

胶水，各种形状和颜色的树叶若干，一支水彩笔，几张白纸，一个布袋。

🏐 一起玩游戏

1 在天气比较好的时候，带着宝宝到大树下捡些树叶，可以让宝宝挑选自己喜欢的装进布袋子里，小心收好。

2 在宝宝拣拾的过程中，妈妈可以教他认识不同种类的树叶以及各种颜色。

3 回到家里以后，妈妈把树叶用清水洗净，并晾干。

4 把晾干的树叶摆放到桌子上，小心不要弄碎了。

5 让宝宝说一下不同树叶的颜色和形状，妈妈在一旁引导。

6 按住树叶，让宝宝用水彩笔把每片树叶大致的样子在白纸上描出来。

7 和宝宝一起把树叶粘在白纸上，制成不同的标本。

8 最后，让宝宝充分发挥想象力，将树叶拼成一幅图。

🦖 游戏延伸

妈妈还可把宝宝的画挂在墙上或者宝宝的房间内，让宝宝有成就感。随着宝宝逐渐长大，可以带他认识更多种类的树叶，并学习更深层次的知识，比如这个树叶属于什么树，这棵树属于什么科属，适合在什么气候下生长，会不会开花。

🚀 玩中学

这个游戏能够让宝宝接触多种树叶的色彩、形状，丰富宝宝对色彩和图形的感觉，还可锻炼宝宝的握笔和手眼协调能力，充分发挥宝宝的想象力，对宝宝今后的绘画很有帮助。

我要自己洗手——学习自理

（关键词：自理能力、责任心）

洗呀洗呀洗手手，
洗出一双白白的手。
讲卫生呀爱干净，
做个勤劳好宝宝。

小叮咛：

在宝宝洗手的过程中，家长要做好监护措施，比如控制合适的水温，给宝宝拿肥皂或洗手液等。

🦆 准备好了吗

一块毛巾、一块幼儿肥皂、洗手池等。

🏐 一起玩游戏

1 带宝宝走到洗手池边上，如果宝宝穿的是长袖的衣服，妈妈要先帮宝宝把袖子挽起来以防被水打湿，并告诉宝宝这是准备洗手的第一步。

2 让宝宝自己动手打开水龙头，在打开之前，要教会宝宝分辨热水和冷水的不同出口方向。

3 让宝宝把手淋湿，然后关好水龙头。

4 给宝宝提供幼儿肥皂，并帮宝宝在双手上均匀抹上肥皂。一边抹，一边可以给宝宝讲解肥皂的作用，比如杀菌、消毒等。

5 妈妈在一旁示范，教宝宝用两手互搓手心、手背、指缝和指尖，每一个部位都要认真搓一下，不可马虎或遗漏。

6 待宝宝搓得差不多了以后，让他再动手打开水龙头。

7 让宝宝在水龙头下面冲洗干净小手，然后及时关上水龙头。

8 最后让宝宝用毛巾将自己的小手擦干净，整理好衣袖即可。

🦖 游戏延伸

除了让宝宝自己练习洗手外，还可以用同样的方法让他练习洗小玩具、洗脚等，等到宝宝再长大一些的时候，家长就可以进一步要求宝宝帮自己做一些力所能及的家务活，比如擦桌子、洗抹布、扫地等，锻炼宝宝的动手能力，别忘了适时地夸一下宝宝哦！

🚀 玩中学

在宝宝学习洗手的过程中，可以练习有次序地做事，培养宝宝的逻辑思维能力。与此同时，家长可以融入讲卫生的知识给宝宝，让他从小培养爱干净的好习惯，这对他的成长大有裨益。

双脚的力量——双脚夹球游戏

（关键词：身体运动、灵活性）

夹球球，抛球球，
小小球，圆滚滚，
妈妈宝宝一起玩，
双脚有力欢乐多。

小叮咛：

在夹球、抛球的过程中，一定要注意游戏安全，避免砸到宝宝，另外，尽量选择大小适中、色彩多样的球，能激发宝宝的游戏兴趣。

🦆 准备好了吗

彩色气球两个，纸盒或小筐一个，垫子两个，小玩具若干。

🏐 一起玩游戏

1　选择家里一处比较空旷的地方，比如客厅或阳台，铺好地垫，把工具摆放在周围可以用手够得到的地方。

2　妈妈和宝宝一起坐在地垫上面，脱掉鞋袜，用两手撑地，上身向后仰，妈妈示范用双脚夹住玩具，让宝宝跟着学。

3　夹过若干玩具以后，再进行夹球游戏，妈妈示范用双脚夹住彩色气球，再让宝宝跟着学。

4　等到宝宝可以顺利把彩色气球夹起来了以后，进行传球游戏。

5　妈妈和宝宝之间保持合适的距离，然后用力将球传送给宝宝，让宝宝用双手的力量去接球，注意用力不要过猛。

6　待宝宝接到球以后，再夹在双脚中间，用力把球传给妈妈，妈妈用双手去接球。一来一回抛接彩球，直到宝宝越来越熟练了为止。

🦖 游戏延伸

除了用脚以外，也可以让宝宝和妈妈面对面站着或者蹲着，用双手相互滚接、抛接彩球。等宝宝稍大一些，可以和宝宝进行比赛，比如妈妈和宝宝坐在铺好的垫子上，用双脚争抢一个彩球，或者摆放一个椅子当球门，模仿踢足球的游戏，让宝宝将球夹到椅子下面"球门"的位置。

🚀 玩中学

通过两臂支撑身体，双脚夹住球，以及屈膝、伸腿、抬脚等动作，锻炼宝宝全身的肌肉力量，尤其能够提高宝宝双脚的灵活性，对宝宝练习走路、爬行等都有益处，妈妈一有空就可以带宝宝玩。

31 ～ 36 月龄

▶▶ 游戏 39

呼啦啦——呼啦圈游戏

（关键词：反应力、肌肉锻炼）

🦆 **准备好了吗**

呼啦圈一个；空地。

🚀 **玩中学**

转呼啦圈的游戏可以锻炼孩子的腰腹核心力量，改善驼背等不良体态；穿过呼啦圈的游戏则能让宝宝行动更敏捷。

🏐 **一起玩游戏**

1　由妈妈先示范呼啦圈的转法，再教宝宝练习。

2　宝宝可能很难学会，为了提高宝宝的兴趣，可以换一种玩法，如穿过呼啦圈游戏——把呼啦圈立起来，一只手抓着呼啦圈后，向前用力让它滚动起来。

3　一直用力，待呼啦圈向前滚动 1 ～ 2 米后，还会自动滚回来，这期间让宝宝在不把呼啦圈碰倒的情况下穿过去。

小叮咛：
选择呼啦圈的时候，要根据孩子的身高、体重、腰围、身形等多个方面情况进行选购。

▶▶ 游戏 **40**

有趣的卡片——翻卡片识物

（关键词：表达力、知识积累）

🦆 准备好了吗

扑克牌，带有各种图像或字母的旧卡片若干。

🚀 玩中学

让宝宝学会归类、配对，并学习简单的数字、字母和认读一些简单的字、物品，可以丰富宝宝的词汇量。

🏐 一起玩游戏

1 爸爸将平时收集的一些图片包括各种形状的动物、植物、一些字母和数字的图片拿给宝宝看，并给不同类别的图片涂上不同的颜色。

2 让宝宝对图片进行分类，爸爸在一旁稍加指导。

3 和宝宝一起将这些卡片撒向空中，落地后让宝宝从中捡起任意一张卡片，并说出卡片上所画的东西的名字。

小叮咛：
家长要从宝宝熟悉的数字开始学习，之后再逐渐增加游戏的难度，以免宝宝失去对游戏的兴趣和耐心。

比比谁上得快——猜拳上楼梯

（关键词：规则理解、身体动作）

猜猜拳，爬楼梯，
胜者往上升一级，
输了你也别泄气，
一起比赛爬上去。

小叮咛：

可以在等人的时候做这个小游戏，既能安抚因为等待而感到厌烦的孩子，又能充分利用这段时间做做运动，一举两得。

🦆 **准备好了吗**

公寓，公园，百货商店等任何有台阶的地方。

🏐 **一起玩游戏**

1　选择一处有台阶的场地，妈妈和宝宝一起来到台阶下。

2　玩之前先和宝宝讲明规则，即玩石头剪刀布，赢的人就上一级台阶，输的人则在原地保持不动；反复进行，谁先爬完台阶就算最终胜利。

3　开始玩游戏，和宝宝进行石头剪刀布。

4　按照结果输赢上台阶或保持原地不动。

5　如果宝宝赢了，要给予适当的奖励，并夸赞宝宝"真棒"。

6　如果宝宝输了，妈妈要适时给予宝宝安慰。如果时间允许的话，和宝宝再玩一次这个游戏。

🦖 **游戏延伸**

除了猜拳上楼梯之外，还可以教宝宝用不同国家的语言数台阶数，比如中文"一、二、三、四、五、六、七、八、九、十"等，或者英文"one、two、three、four、five、six、seven、eight、nine、ten"等。妈妈还可以邀请宝宝一起制定游戏规则，比如用"你问我答"的形式，妈妈和宝宝轮流向对方提问，答对的人可以上一级楼梯，答错的人原地不动，和宝宝一起商定规则会让他参与游戏的积极性更高。

🚀 **玩中学**

宝宝每次赢得比赛都可以从中体会到成就感，促使他形成挑战精神和自信心；即使输了也能获得大人的关怀、肯定和鼓励，这有助于宝宝树立正确的胜负观念，让他今后有能力独自面对和接受失败。此外，游戏的过程同时也是培养宝宝规则意识的过程，这种意识对他将来适应社会十分重要。

▶▶ 游戏 42

爱笑的帽子——做帽子和戴帽子

（关键词：手部控制、积极情感）

大帽子，小帽子，
我有很多漂亮的帽子。
一起动动小手指，
丰衣足食做帽子。

小叮咛：
简单有趣的纸帽子，不仅可以作为一件 DIY 工艺品，还能在家庭装修、大扫除等工作上为你遮尘挡土，妈妈快带宝宝一起来玩一下吧！

🐤 准备好了吗

长方形的报纸或图画纸若干，儿童剪刀。

🏐 一起玩游戏

1 把准备好的纸和儿童剪刀一起摆放在桌子上，和宝宝坐下来，准备做帽子。

2 妈妈做一步，宝宝跟着做一步。首先，把长方形的宽边对折，压平，如图①。

3 由两侧向中间折出三角形，如图②。

4 将底部的长方形翻折上来，另一面也同样折上来，如图③。

5 将两侧多余的部分，沿三角形的边线折起来，如图④。

6 最后一步，如图⑤所示，把帽子展开，纸帽子就折好了。

7 和宝宝互换帽子，给对方戴在头上即可。

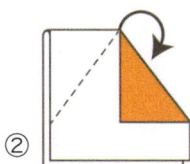

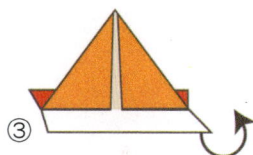

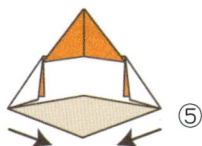

🦖 游戏延伸

　　一大张纸可以折成很小的形状，而且纸是柔软的，可以折或剪，做成很多造型。所以，妈妈除了带宝宝折纸帽子外，也可以折一些别的东西。折好的帽子可以让宝宝用画笔添加一些图案，或者写上自己的名字，增加成就感。

🚀 玩中学

　　在这项游戏中，用一张纸折出不同的形状能锻炼宝宝的动手能力，增强他的空间感，而且折纸的过程是可逆的，折完以后还可以再折回原来的样子，孩子看到拆解的过程能反过来激发他的想象力。

红灯停，绿灯行——学习交通规则

（关键词：理解力、规则意识）

交叉路口红绿灯，指挥交通显神通。
绿灯亮了放心走，红灯亮了别抢行。
人人遵守红绿灯，交通法规要记牢。
交通安全真重要，日常生活离不了。

小叮咛：
除了在家里带宝宝玩这个游戏以外，爸爸妈妈也可以带他去现实生活中的马路上认识红灯和绿灯，加深宝宝的印象。

🦆 准备好了吗

硬纸板，剪刀，水彩笔，玩具小汽车，粉笔。

🏐 一起玩游戏

1 妈妈用剪刀在硬纸板上剪下两个大小相同的圆形。

2 用水彩笔分别给两个圆形涂上红色和绿色。

3 妈妈用粉笔在地上画一个十字路口，让宝宝推着玩具小汽车当司机。

4 妈妈给宝宝讲解游戏规则：红灯的时候让宝宝将小汽车停到线外，绿灯的时候，宝宝可以推着小汽车一直走。

5 让宝宝练习几次以后，和妈妈互换角色，并重复上一个步骤。

6 妈妈可以选择故意做错，让宝宝给自己指出错误，并进行改正。

🦖 游戏延伸

除了红灯和绿灯之外，妈妈还可以教给宝宝黄色信号灯的通行规则，即黄灯的时候，如果宝宝的小汽车已经过了线，可以继续走；反之，如果没过线，就要停下来。等到宝宝熟悉了以后，还可以将这三个交通信号灯来回切换。

🚀 玩中学

交通信号灯是我们日常生活中经常见到且必不可少的交通指示，玩这个游戏可以教会宝宝看红绿灯，有助于培养宝宝遵守交通规则的意识。此外，交通信号灯的切换可以锻炼宝宝的反应能力。

▶ 游戏 44

给好朋友的礼物——拼一幅画

（关键词：想象力、艺术潜能、社交能力）

宝宝的想象力是无穷的，
给他一张卡纸、几张贴画，
你就会知道，
他的内心广无边际……

小叮咛：

逢年过节，家长可以让宝宝为亲朋好友准备一点自制的小礼物如拼图卡片，并告诉宝宝礼物不一定要很贵重，能表达心意就好。

准备好了吗

卡通贴画，卡片纸，笔。

一起玩游戏

1 把准备好的材料一起放到一个干净的书桌上，爸爸和宝宝坐在书桌旁边的椅子上。

2 爸爸先在一张卡片纸上写几个字，并告诉宝宝这些字的含义。

3 拿出宝宝平时喜欢的卡通贴画。

4 爸爸先给宝宝做示范，在写好的字的旁边贴上一些贴画。

5 让宝宝自由地发挥想象力，在卡片纸上面贴上一些贴画。

6 待宝宝完成以后，爸爸帮宝宝检查下看看有什么不足的地方需要改进。

7 全部完成以后，让宝宝把自制的卡片当作礼物送给朋友。

游戏延伸

除了让宝宝自制拼图卡片外，还可以教宝宝写信送给亲朋好友。给宝宝准备一些剪纸或好看的图形，让宝宝用胶水粘贴在卡片纸上，也能代替贴画发挥装饰的作用。

玩中学

无论是送礼物还是写信，都能在一定程度上增强宝宝的社交能力，加深宝宝与家人、朋友之间的感情。粘贴画的过程也是发挥想象力的过程，能增强宝宝的动手能力，让他在以后的手工制作方面有更大的进步空间。

采蘑菇的小宝宝——越过障碍找物

（关键词：观察力、成就感）

采蘑菇的小姑娘，
背着一个大竹筐，
清早光着小脚丫，
走遍森林和山岗……

小叮咛：

为了避免在游戏的过程中出现意外伤害，在游戏之前，家长要带领孩子做好准备工作，活动活动身体。

准备好了吗

椅子，橡皮筋，方形泡沫垫或者餐椅坐垫，积木，小篮子，较大的活动空间。

一起玩游戏

1 在开始游戏之前，需要家长为孩子打造一个采蘑菇的环境，比如用椅子搭成山洞，或者直接由家长将双手搭在一起并举过头顶，扮演山洞。

2 用长长的橡皮筋摆成弯弯曲曲的小河，用泡沫垫或者餐椅坐垫铺成一条小路，用积木代表蘑菇，并把它们藏在周围。

3 家长向孩子讲明游戏规则，接下来，孩子挎着小篮子开始游戏。

4 他需要穿过山洞，再蹚过小河，还要走完垫子铺成的小路，一边仔细观察一边采"蘑菇"。

5 家长可以在旁边给予孩子鼓励，视情况给予指导。

6 如果孩子出现掉下障碍物的状况，需要从头开始，最终以采完所有的"蘑菇"为胜利。

游戏延伸

也可以选择一处开阔、平坦的草地，几家人相约一起，障碍物的设置可以随实际情况而有所变化，可以分为儿童组和成人组，也可以每个家庭为一组，比比看哪一组最快采完所有蘑菇。

玩中学

在游戏的过程中，孩子要想穿越障碍物不仅需要集中注意力，还需要肢体的协调配合，这就锻炼了孩子的身体协调性。将积木藏在各种障碍物周围，孩子必须仔细观察才能找到，这有助于提高孩子的观察力。

▶ 游戏 46

宝宝你知道吗——讲故事

（关键词：语言表达力、想象力）

对孩子来说，
每天温馨的时光，
就是有爸爸妈妈陪在身边，
如果能给他讲个故事，那更好不过了。

小叮咛：

父母在给孩子讲故事的时候，要尽量做到声情并茂，这样能增强故事的感染力，孩子也会更愿意听。

🦆 准备好了吗

故事书，梨。

🏐 一起玩游戏

1　妈妈拿着一个梨来吸引宝宝，并提问："宝贝，在很久以前也有个小朋友像你一样喜欢吃梨，而且还因为吃梨发生了一件人人都夸赞他的事呢，你想知道是什么事情吗？"

2　妈妈给宝宝讲《孔融让梨》的故事："……父亲让孔融挑梨，孔融挑了一个最小的梨子给自己，其余按照长幼顺序分给兄弟……"

3　妈妈一边讲故事一边跟宝宝一起看书上的图画，宝宝会更感兴趣。

4　还可以通过提问的方式让宝宝理解故事的内容。刚开始可以让宝宝静静地听故事，等他熟悉以后就鼓励宝宝参与爸爸妈妈的讨论，例如："孔融是怎么挑梨的呢？"

5　爸爸妈妈要积极鼓励宝宝改编故事，例如让宝宝尝试着讲讲"如果是孔融的哥哥先挑梨，他可能会怎么做呢？"

🦖 游戏延伸

如果家长平时工作比较繁忙，可以把讲故事的时间挪到临睡前，也就是给宝宝讲睡前故事。宝宝能够从故事中感受父母对自己的爱，而且有趣的故事情节会帮助宝宝平复兴奋的状态，有助于入睡。

🚀 玩中学

妈妈在给宝宝讲故事的过程中，能给宝宝的大脑形成一种良好的刺激，加快其大脑的发育，宝宝神经系统的发育也能得到促进，而且彼此之间的讨论，对故事的改编等互动，可以提高宝宝想象力、思考能力和语言表达能力，故事中的榜样行为也有助于宝宝形成正确的价值观念。

第五章

适合 3 ～ 6 岁宝宝的亲子游戏

3～6岁是宝宝智力和语言发展的关键时期，游戏仍然是宝宝学习的主要方式。通过寓教于乐的亲子游戏，使宝宝锻炼各项能力、积累知识、愉快地与人交往，为迎接学龄期的到来做好准备吧！

3～4岁

▶游戏 **47**

飞行的棋子——玩飞行棋

（关键词：规则意识、语言能力）

也许宝宝已经玩腻了飞行棋，
但他也许不知道，
飞行棋还有新的用途，
可以重新激起他的乐趣。

小叮咛：

在游戏的过程中，父母也可以根据实际情况适当改变游戏的规则，只要能提高孩子的智能水平都可以尝试。

🦆 准备好了吗

一套飞行棋，拼音玩具或者写有拼音字母的卡片，一个袋子。

🏐 一起玩游戏

1 先把飞行棋按照固有的模式摆放在桌子上，并将准备好的拼音玩具或卡片放进袋子里。

2 按照以往的游戏规则玩飞行棋，只是在孩子和自己挪动棋子之前要先从袋子里取出一个拼音字母。

3 不管是孩子还是爸爸妈妈，取出拼音字母后必须念出来，然后再说一个用到这个拼音字母的词语。例如，孩子拿出了拼音字母"s"，就要发出"s"的音，然后说一个带这个音的词语如"丝带"，之后才可以挪动棋子。

4 此时，爸爸妈妈要检查孩子所说的词语是否用到了字母的发音，如果没有用到，那这一轮就不能挪动棋子。

5 按照这种玩法继续游戏，直到有人胜出或者出局。

🦖 游戏延伸

如果孩子不想用游戏比输赢，那就不比，可以去掉游戏的规则或者组团游戏，让大家都获胜就好。当然，家长也可以和孩子一起创作属于自己的桌游，例如用海报做一个桌游棋盘，让孩子按照自己的想法在上面画一个大迷宫或者路线图，用可爱的贴纸贴出落棋子的地方，还可以设置陷阱，获胜者可以得到奖励。把上面的玩法延续到这个游戏当中，从而提升孩子的语言技能。

🚀 玩中学

老式的游戏通过新的玩法又重新找到其中的乐趣，无形之中教育孩子不要被规则所束缚，要懂得变通，游戏的目的是娱乐，完全可以按照使用者的需要灵活改变规则，同时还能训练孩子的发音和组词能力。

▶▶ 游戏 **48**

家庭演唱会——唱歌

（关键词：表现力、听觉发育）

小燕子，穿花衣，
年年春天来这里，
我问燕子你为啥来，
燕子说，这里的春天最美丽……

小叮咛：

游戏的目的是边玩边学，促进孩子能力的发展，家长没有必要严格要求孩子的音准、吐字等，否则会本末倒置。

🦆 准备好了吗

儿歌光盘，话筒，音响，乐器玩具。

🏐 一起玩游戏

1 召开家庭演唱会，可以是隆重的，也可以是精简的，要想有演唱会的氛围，爸爸妈妈可以和孩子先把家里装饰一番，也可以邀请亲朋好友来参加；如果是精简型的家庭演唱会，一家人参与即可。

2 爸爸妈妈和孩子可以合唱一首儿歌，同时还可以加入一些动作表演或者乐器玩具。

3 要想充分调动孩子的积极性，爸爸妈妈可以尝试教孩子学唱一首新的儿歌。

4 爸爸妈妈先唱一遍，再给孩子播放一遍完整的歌曲，例如学唱《春天在哪里》，让孩子从音乐节奏中开始学起。

5 孩子的乐感一部分来自于爸爸妈妈的熏陶，爸爸妈妈要多关心孩子音乐智能的发展，多教他学唱一些儿歌。

🦖 游戏延伸

唱歌自然少不了乐器，爸爸妈妈可以带孩子到乐器行或者百货商场，让他去认识乐器，与乐器交"朋友"。爸爸妈妈可以跟孩子聊一聊乐器的分类，问一下孩子喜欢哪一种乐器，可以给孩子买一个乐器玩具，以激发他对音乐的热爱。

🚀 玩中学

接触音乐能促进孩子的听觉发育，有英国学者研究发现，给孩子唱歌可以刺激其大脑中的海马和前额叶，有助于语言能力的提高。此外，家庭演唱会的形式可以锻炼孩子的表现力，增进亲子关系，营造和谐有爱的家庭氛围。

让气球飞——顶球

（关键词：肢体配合、空间智能）

红气球，绿气球，
红红绿绿抓在手，
红的我要给太阳，
绿的我要给草地。

小叮咛：
孩子在玩游戏的时候常常会因为太过投入而忽视了自身的安全，家长要确保孩子玩耍的场所没有潜在危险。

🦆 准备好了吗

绳子，气球，打气筒，较大的活动空间。

🏐 一起玩游戏

1 爸爸教给孩子吹气的技巧，让他和自己一起吹气球，也可以教孩子用打气筒给气球打气。

2 爸爸将吹好的气球用绳子固定在比孩子高出 10 ~ 20 厘米的位置，然后准备开始顶球游戏。

3 爸爸可以先做示范，双脚离地向上跳，用头去顶球，然后鼓励孩子试一试。

4 轮流顶球，看谁在规定时间内顶气球的次数多，就算获胜。

5 如果想增加游戏的乐趣，爸爸可以和孩子来回顶气球。

6 爸爸和孩子面对面站好，中间相隔一米左右的距离，爸爸拿着气球往孩子头上抛，孩子跳起来顶球。

7 角色互换，由孩子抛球，爸爸接球，看谁能在规定时间内顶到的气球多，就算获胜。

🦖 游戏延伸

利用气球可以玩的游戏有很多，可以将头顶气球换成用羽毛球拍拍气球：爸爸给孩子一只羽毛球拍，让其用球拍向上拍球，孩子要尽量保持在固定范围，并且保持气球不能落地，谁先落地谁就输了。爸爸和孩子还可以分别顶着气球赛跑，看谁能顶着气球安全又快速地到达终点。

🚀 玩中学

孩子在顶气球的过程中，不仅需要跳跃，还要找准气球的位置，这样就锻炼了孩子的跳跃能力、动作的灵活性以及肢体的协调性，而且为了能够准确地接到气球，孩子必须快速做出反应，故其反应能力也能得到提升。

▶▶ 游戏 50

快到碗里来——筷子夹物

（关键词：精细动作、生活技能）

小筷子，本领强，
宝宝手指来帮忙。
先打开，再合上，
反反复复夹菜忙。

小叮咛：

如果此时孩子还不能很好地使用筷子，家长也不要过于心急，只要耐心教导，孩子很快就能掌握使用筷子这项技能了。

🦆 准备好了吗

小碗，豆子或者小饼干，筷子。

🏐 一起玩游戏

1 在开始游戏之前，家长可以跟孩子一起来认识一下豆子和筷子，例如："豆子真漂亮，圆圆的，滑滑的，那怎么才能夹起来呢？这时候就需要筷子哥哥来帮忙啦！"

2 家长拿出一双筷子，一个装有豆子的碗，和一个空碗。当然也可以给孩子准备儿童专用的筷子，这样更容易使用。

3 家长要告诉孩子筷子的使用方法，并指导其正确使用。

4 家长先做示范，为了激发孩子的兴趣，可以边夹豆子边念儿歌："金豆豆、银豆豆，一颗一粒不能丢，夹到我的碗里头……"

5 鼓励孩子用筷子夹豆子，在刚开始时，孩子可能会因为没有掌握好方法而不能夹起，家长要多指导，多鼓励。

6 当孩子能用筷子将豆子夹起时，家长要及时表扬孩子的进步。

🐊 游戏延伸

当孩子能够灵活地使用筷子后，家长可以和他玩"筷子拔河"比赛，即在桌子中间画一条界线，家长和孩子用筷子将绳子夹住，看谁能将对方拉过标记，谁就是胜利者。当然，比赛时用的绳子也可以用筷子来代替，这样游戏会更加有趣。

🚀 玩中学

3岁多的孩子虽然手部肌肉还不够有力，但双手协调能力有了较大发展，所以此阶段正是培养孩子动手能力的好时机。筷子夹物这一游戏，不仅是对手部精细动作的锻炼，有助于双手协调性的提高，还能增强孩子的生活技能。

手偶剧场——玩手偶讲故事

（关键词：想象力、表达力）

好像所有柔软的毛绒玩具都会得到孩子的青睐，

手偶也是其中一员，

妈妈不妨通过手偶给孩子讲个故事，

这肯定是一项既好玩又有趣的亲子游戏。

小叮咛：

如果孩子的词汇积累或者语言表达能力不足，可以先由家长作为游戏的主导，等孩子能够运用自如后，父母再以插话的形式参与游戏。

🦆 准备好了吗

手指布偶或者手偶，客厅。

🏐 一起玩游戏

1　妈妈将准备好的两只手偶一只戴在自己手上，另一只戴在孩子手上。

2　让孩子移动他的大拇指和其他手指，这样手偶的嘴巴就可以一张一合地动起来。

3　学会了手偶的基本使用方法，接下来就可以让孩子为自己喜欢的手偶起个名字了。

4　妈妈和孩子分别扮演自己的手偶角色，可以讲故事、唱歌，总之，要让两只手偶互动起来。

5　或者由妈妈独自扮演手偶，从手偶的视角出发，引导孩子将手偶看作是自己的新朋友。

6　孩子与游戏伙伴通常有很强的纽带感，父母可以借此和孩子进行各种沟通和交流。

🦖 游戏延伸

不只是手偶，父母还可以鼓励孩子和其他他喜欢的玩具做好朋友，将玩具拟人化，例如孩子如果喜欢破坏玩具，家长可以说："你把它的胳膊弄掉了，它会多疼呀？"如果孩子喜欢乱扔玩具，家长可以说："好朋友要回到自己的家里，总在外面它会很难过的……"从而让孩子学会理解他人，同时还能纠正其坏毛病。

🚀 玩中学

3～4岁的孩子模仿能力很强，也很喜欢学习新的词汇，手偶游戏可以让孩子在游戏中不知不觉地积累很多词汇，逐渐培养孩子的造句能力，其语言表达能力也会随之提高。此外，孩子在与玩偶游戏、对话的过程，也是其思考、想象的过程，能丰富其想象力。

游戏 52

保龄球大作战——击倒酸奶瓶

（关键词：手眼协调、身体平衡）

酸奶喝完之后的空瓶是怎么处理的？
直接丢进垃圾桶里了吗？
其实这些空空的酸奶瓶也有妙用呢，
试试用它来做保龄瓶球吧！

小叮咛：
为了避免在游戏的过程中受伤，家长要和孩子在游戏前做做热身运动，尤其是活动好手臂和手腕。

🦆 准备好了吗

空酸奶瓶或者饮料瓶，儿童安全颜料，小球，比较宽敞的活动空间。

🏐 一起玩游戏

1 为了让酸奶瓶看上去更像保龄球瓶，在开始游戏之前，妈妈可以先跟孩子一起，把酸奶瓶涂上颜色。

2 接下来，妈妈要教给孩子保龄球的玩法，其实很简单，让孩子把小球滚出去击倒酸奶瓶就好了。

3 当然，妈妈可以先做几次示范，等孩子学会之后就可以正式开始了。

4 亲子游戏不只是只有妈妈，也许爸爸对打保龄球更感兴趣，所以可以全家一起来。

5 起初，孩子可能没有完全掌握技巧，小球总是偏离方向，家长要耐心指导。

6 当酸奶瓶被击倒之后，家长要让孩子自己把它们重新摆放好，再开始下一次游戏。

🦕 游戏延伸

室内的酸奶瓶版保龄球毕竟不是真正的保龄球，如果有适合家长和孩子一起打保龄球的场所，爸爸妈妈可以带孩子一起去实地来一场保龄球大作战，让孩子切实享受到游戏的快乐。

🚀 玩中学

在宽敞的空间里做游戏可以使孩子的情绪得到放松，比起狭窄空间更有利于孩子的成长。而且打保龄球是一项有诸多好处的全身性游戏，可以提升孩子的大脑调节能力、手眼协调能力以及身体的平衡性。

水滴搬家——转移水

(关键词：探索欲、综合认知)

与水有关的游戏孩子总是会乐此不疲，
但常常会弄得一地都是水，
其实，如果妈妈教会孩子水滴搬家，
也许下次情况就会变得不一样。

小叮咛：

家长要注意，水盆中的水不宜太多，否则容易使孩子对此游戏产生厌烦感，失去对游戏的兴趣。

🦆 准备好了吗

一块海绵，装有水的水盆，一个空盆。

🏐 一起玩游戏

1 在开始游戏之前妈妈可以先拿出一块海绵，并告诉孩子这是一块小海绵，让他自己捏一捏，说一说自己的感受。

2 和孩子讲讲有关海绵的知识，例如海绵可以用作床垫，还能吸水。

3 当孩子对海绵有一些了解之后，妈妈就可以拿出装有水的水盆。

4 妈妈可以引导孩子用海绵在水盆里吸水，让孩子知道海绵具有吸水性。

5 再将海绵里的水挤到空盆里，慢慢地就可以把水"搬家"了。如果孩子感兴趣，就让他把水盆里的水全部搬完吧。

6 妈妈也可以跟孩子进行比赛，看谁能将水盆里的水先搬完。

🦖 游戏延伸

不只是海绵，像小手帕、毛巾、小勺、玩具小碗等，都能用作水滴"搬家"的工具，家长可以参照以上方法，让孩子用其他工具玩这个游戏。此外，这个游戏还可以让孩子观察到较轻的物体放到水中会漂浮在水面的现象。如果孩子在今后的生活中把地面弄得都是水，妈妈也可以跟他玩这个游戏，在游戏的过程中将地面收拾干净，一举两得。

🚀 玩中学

孩子通过玩水，不仅能够学会使用工具，还能感受水的特性，从而有利于提高他的综合认识。玩水的过程也是孩子动脑的过程，可以更好地刺激他的大脑细胞发育，尤其对孩子的探索欲开发有好处。

奇妙的云朵——观察云朵

（关键词：想象力、求知欲）

童真总会让孩子有着不一样的视角，
在他的眼睛里，彩虹是小桥，小草像绿毯……
那天上一片片的白云像什么呢？
也许他会说像棉花糖。

小叮咛：

如果是在天气较冷的时候去户外游玩，家长要让孩子穿上保暖的衣物，并注意出行安全。

准备好了吗

有云的天气，空旷的户外草地；孩子心情愉悦。

一起玩游戏

1　在有云的天气里，家长带孩子去空旷的户外草地上玩耍，并引导他欣赏美丽的大自然。

2　当孩子的心情比较愉悦，好奇心被充分调动时，家长可以有意识地让孩子仔细观察天空中的云朵。

3　可以问问孩子："宝贝，蓝蓝的天空上有什么呀？云朵像什么？""你仔细看看，云朵好像在动呢……"

4　家长可以跟孩子比试看谁观察得更细致，想象更丰富，云朵的形状都像些什么？以此激发孩子对云的兴趣。

5　家长还可以顺势教孩子说儿歌《小白云》："小白云，飘呀飘，蓝天上，变魔术，变小鱼，变小兔，变宝宝，胖乎乎……"

游戏延伸

不只是天空的云朵，观察星星也能丰富孩子的想象力。在风轻云淡的夜晚，天空中的星星闪闪动人，此时和孩子一起站在阳台上或者趴在窗边，抬头仔细观察就能发现，有的星星组合起来像弓箭，有的则像帽子。当然，爸爸还可以跟孩子聊聊北斗七星、星宿等天文知识，他一定会很感兴趣。

玩中学

想象力是人们在已有形象的基础上，在头脑中创造出新形象的能力，它是抽象思维的基础。孩子只有拥有丰富的想象力，才能更好地建立抽象思维。通过观察云朵或星星等自然景物，能让孩子在脑海中构建多种不同的情景，这对激发其想象力和创造力都是很有帮助的。

▶️ 游戏 55

沿途的风景——认认招牌

（关键词：记忆力、观察力）

能力的培养无时无刻不在进行，

只要有合适的场合与时机，

哪怕孩子在坐车，

也可以学习新知识。

小叮咛：

有些家长会担心孩子太小而不能进行此项游戏，其实只要他能区分商店、加油站和餐厅，并知道它们的用途，就可以进行这项活动。

🦆 准备好了吗

路边的标识；孩子的精神状态良好。

🏐 一起玩游戏

1 观察孩子的精神状态，如果是轻松、愉悦的神情，妈妈就可以准备开始此项游戏。

2 可以这样跟孩子说："宝贝，你看这条街上有这么多标识，我们来玩一个认识标识的游戏好吗？"

3 鼓励孩子，尝试着把所看到的标识念出来。

4 如果孩子能认出加油站、快餐店或者花店时，妈妈要及时表扬他，即便孩子并不是完全通过招牌上的文字辨认出来的。

5 家长也可以参与进来，和孩子一起念招牌上面的文字，并引导他指出更多的标识。

6 和孩子讨论："看，超市正在搞特价，看到'特价'那两个大红字了吗？""宝贝，你看这里写着'行人过马路请走过街天桥'……"

🦖🔧 游戏延伸

家长还可以多想一些方法把标识利用起来，例如和孩子聊聊标识上的图形与文字，问问孩子为什么快餐店和加油站的标识会很醒目，他喜欢的标识是哪一种，观察公共汽车车身两侧的标识等。

🚀 玩中学

语言被人们视为表达想法和分享信息的工具，孩子从小就生活在文字和图形丰富的环境中，可以随时开始这项游戏。当家长和孩子讨论词汇、词汇的用法、词汇使用的地方以及使用的原因时，就是在引导孩子更为深入地理解语言，鼓励他运用语言。此外，当家长按照标识行事时，要向孩子介绍标识的内容，这样做能帮助孩子理解阅读的实际用途。

礼仪小老师——讲述礼仪

（关键词：思考能力、社交能力）

好孩子，讲文明，
仪表大方修养好。
见客人，问声好，
起立相迎微微笑……

小叮咛：
要知道孩子的模仿能力是很强的，如果家长不注意自己的言行，孩子也会见样学样，要想孩子讲礼仪，家长要做到言传身教。

🦆 准备好了吗

孩子心情愉快的时候；较大的活动空间。

🏐 一起玩游戏

1 爸爸、妈妈、爷爷和孩子一起乘坐公交车。

2 一开始妈妈带着宝宝上公交车，爸爸扮演车上的乘客，这个时候车上已经没有座位。

3 爸爸看见妈妈抱着孩子上车之后，就要从座位上站起来说："你们坐这里吧。"

4 妈妈要指导孩子说："谢谢您！"爸爸说："不客气。"

5 等下一站爷爷上车，孩子自己单独坐在一个座位上。

6 妈妈要指引孩子站起来让座位并说："爷爷您坐这里吧。"

7 爷爷再说："谢谢小朋友。"这时孩子要说："不客气。"

🦖 游戏延伸

爸爸妈妈还可以跟孩子玩做客的游戏，爸爸假装是邻居，妈妈指导孩子如何待客，也能培养其讲文明、懂礼貌的好习惯。例如，爸爸一边敲门一边说："请问，我可以进来吗？"妈妈指导孩子说："您好，请进"，爸爸说："谢谢"，孩子说："请喝水……"

🚀 玩中学

孩子在他人面前能够很好地使用礼貌用语的时候，通常会得到对方的良好反馈，这对增强孩子与人交往的信心大有益处，能在无形中增强其主动与人交往的能力，孩子的社交能力也会得到相应的提高。

倒下的多米诺骨牌——多米诺游戏

（关键词：想象力、专注力）

大多数宝宝摔倒了会哭，
但多米诺骨牌偏偏不怕摔倒，
用它来转移哭闹孩子的注意力，
会有很好的效果哦。

小叮咛：
孩子注意力集中的时间都不长，
而多米诺游戏可以训练其专注力，
只是家长不要强迫孩子，否则会
让他们对游戏产生反感。

🦆 准备好了吗

平坦的桌面或者地面；多米诺骨牌或者积木；孩子的情绪较为放松。

🏐 一起玩游戏

1 爸爸先找到一个宽敞且平坦的空间，在茶几上或者餐桌上都可以，然后把多米诺骨牌或者积木摆放好。

2 一边跟孩子说："看，就是这种玩具，它怎么摔倒都不会哭哦"，一边把骨牌或者积木一个一个地立起来，间距适当。

3 可以先从一字形开始，排列好之后跟孩子说："看好，我只要推倒最前面的一块，它们就都会倒下……"这样就完成了一次演示。

4 鼓励孩子参与进来，让他自己摆好形状，并亲自推倒第一块积木。

🦕 游戏延伸

在成人的眼中，多米诺骨牌游戏就是保持一定间距排列的小积木，所以常常会不自觉地告诉孩子必须遵循这项规律，否则就不能成功。其实，在孩子眼中，多米诺骨牌不只是排列，还能相互搭建，因此可以变换出各种形状，家长不要限制孩子的想象力。

🚀 玩中学

在游戏中孩子会多次碰倒骨牌再将其重新排列，反复的过程可能会让孩子在起初的时候感到厌烦，家长要适时引导并给予鼓励，才能让他重新专注到游戏当中，此时孩子的耐性、专注力都会得到提高。此外，孩子在探索骨牌排列次序并创造新图形的时候，其逻辑思维和想象力也会得到提升。

妈妈的小帮手——洗衣服

（关键词：自理能力、责任心）

今天有什么衣服要洗呢？

这是很多妈妈要考虑的事情，

其实要想从小培养孩子的自理能力，

不妨从邀请孩子做自己的小帮手开始。

小叮咛：

如果洗衣机的电线、插头不慎碰到水会发生触电，是很危险的事情，妈妈必须要告知孩子，不能擅自玩弄电线或水，以免发生意外。

准备好了吗

待洗的衣服，洗衣液，洗衣机。

一起玩游戏

1 在洗衣服之前首先要将衣服分类，妈妈可以让孩子一起来帮忙，一边分类一边向孩子解释为什么要这么做。如果孩子较小，可以按颜色分类；孩子年龄较大，则可以按类型分类。

2 知道了分类规则，孩子就可以参与进来，例如问问孩子："牛仔裤和棉衬衣要不要分开洗呢？"孩子可能会说："要，因为颜色不一样。"

3 让孩子来倒洗衣液，妈妈可以顺势指导哪些衣服要多放些洗衣液，哪些衣服要多放些清水。

4 妈妈还可以给孩子介绍洗衣机上按钮的功能，或者指导孩子亲自启动按钮，这会提升他的劳动兴趣。

5 最后，妈妈不要忘记夸奖和赞美，这会让孩子获得满足感，当下次再帮妈妈洗衣服时，他依旧会很乐意。

游戏延伸

洗完之后，妈妈可以让孩子来判断衣服是否洗干净了，或者帮忙一起把湿衣服挂起来。此外，在进行衣服分类时，有些是不适合放在洗衣机里面洗的，例如贴身衣物或者袜子，妈妈不妨尝试着让孩子洗自己的小袜子，也能锻炼孩子的自理能力。

玩中学

在让宝宝和自己一起洗衣服的过程中，通过把脏衣服分类，能锻炼孩子的逻辑思维能力和判断力；给衣服倒洗衣液的过程，有利于强化孩子对数量的认识；和妈妈一起劳动，也能在无形中培养孩子的责任感和孝心，对孩子人格的健全发展很有帮助。

4～6岁

▶游戏 59
宝宝你会怎么做——情境问答
（关键词：语言表达、思考力）

如果这里是外星球，
你的宝宝会怎么做？
他会兴奋地大叫吗？
不如用情景问答的形式来问问他吧！

小叮咛：
如果是在外出或者回家的路上
和孩子做这个游戏，千万不要因
为沉浸在游戏的快乐氛围中而
忽略了出行安全。

🦆 准备好了吗

和孩子处于某个情境之中，或者引导他想象一个有趣的场景。

🏐 一起玩游戏

1　鼓励孩子想象一个自己喜欢的情境或者动画片中的角色，情境可以是外太空、海底，角色可以是可爱的或者邪恶的，问问孩子："你要是在XX地方，你会怎么做？"

2　引导孩子思考这个情境或者这个角色，以及他会怎么做或者为什么角色要按照孩子的想法行事。

3　尝试用对话的方式表演，鼓励孩子添加或者改编情节，父母可以用这样的问题引导他："所以说，你会在外太空遇见飞船？""海绵宝宝才是真正的胜利者吗？"

🦖 游戏延伸

让孩子想象同样的情景中的另一个角色，说说看他会做些什么？和第一个有什么区别呢？当然，如果孩子很喜欢这个游戏，父母可以把他喜欢的角色或者情境的相关图片制成小卡片，并经常带在身上，在合适的时候就拿出来，让孩子从中挑选一张他想扮演的角色，然后再根据场合编出新的故事。

🚀 玩中学

当孩子按照自己的想法去创作想象的情境或者角色时，就好像作家在写一本新书或者设定一位新的主人公脚本，孩子要思考环境是幽雅还是恶劣，主人公的性格、行为是什么样的，这种看似天马行空的想象不仅能锻炼孩子的思考能力，还能提升其想象力。

游戏 60

扑克连连看——配对游戏

（关键词：观察力、专注力）

找一找，连一连，
扑克配对好好玩。
妈妈宝宝一起来，
看谁连得快又准。

小叮咛：
起初可以只用半副牌玩，这样每张牌就只有一张和它点数一样的牌，等孩子熟悉之后再用整副牌，甚至是两副牌玩。

准备好了吗

一副扑克牌，宽敞平坦的桌子。

一起玩游戏

1 先把所有的扑克牌牌面都朝下，倒扣在桌子上，并摆成一个网格的图案。

2 参与者可以是孩子和爸爸妈妈，也可以是孩子和他的小伙伴，彼此轮流翻牌，每次任意翻两张。

3 如果两张牌是一对即点数相同，就可以再翻一次；如果不是一对，就要放回去。

4 把配对成功的牌拿出去，由谁翻出的就摆在谁的面前，牌面朝上，最后用来计算分数，剩下的牌不动。

5 直到没牌可翻时，游戏结束。

游戏延伸

不只是用扑克牌，还可以用其他卡牌玩此游戏，例如图画卡或者自制的卡片，对孩子来说，图画卡可能更容易记忆。当然，还可以更换游戏场地，例如从桌子换到地面上，同样也是铺成网格图形，只是牌与牌之间多隔一段距离，排出不一样的视觉效果。让孩子比较一下与之前在桌子上玩有什么异同，是难度增加了，还是更便于记住牌的位置。

玩中学

不同的人用不同的方式玩这个游戏是非常有趣的。例如，有的孩子纯粹依靠游戏本身的概率就能玩得很好；有的则是靠回忆牌与牌之间的位置关系来推理每一张牌的牌面。想要赢得这个游戏，孩子需要集中精力仔细观察，并进行大量的记忆工作。此外，这个游戏还在考验孩子的记忆方式，这些都有助于提升孩子的思维力、判断力和空间想象力，对孩子今后的学习和生活很有帮助。

翻卡片认字——识字游戏

（关键词：表达力、记忆力）

现阶段的宝贝应该对数字比较了解了，
妈妈可以尝试让他记住一些简单的汉字，
类似"田""日""口"等，
通过翻卡片认字，会让宝宝更有兴趣哦。

小叮咛：

在刚进行此项游戏时，为了激起孩子的求知欲和兴趣，家长可以适当"放水"，故意让孩子赢得比赛。

🦆 准备好了吗

带有简单汉字的卡片若干，棋盘一副；孩子的精神状态较为良好。

🏐 一起玩游戏

1　事先准备好棋盘，并将写有简单汉字的卡片反扣在棋盘上。

2　妈妈和孩子轮流翻动卡片"棋子"。读对了"棋子"上的字，这张卡片就可以归自己所有；如果读错了，就将卡片重新反扣在棋盘上，直至全部翻完字卡。

3　谁获胜的"棋子"多，读出的汉字正确率高，谁就是赢家。

4　当然，妈妈不要忘记奖励孩子，可以满足他的一个小愿望，或者奖励他一个小玩具，以维持孩子对游戏的兴趣。

🐉 游戏延伸

当孩子熟悉了这些棋盘上的字之后，家长可以重新将这些卡片排列顺序，再和孩子轮流任意翻"棋子"，这时难度可以升级，不仅要读出字音，还要进行组词，都答对了这张卡片才能归为己有。当然，不只是汉字的学习，还可以学习拼音、英文等，都能有很好的效果。

🚀 玩中学

孩子是通过右脑整体识别模式来认字的，所以识字有利于其右脑的开发。同时，此阶段是孩子大脑的快速发育时期，也是开发智力的关键时期，家长通过游戏的方式让孩子学习汉字，更能促进其智力的发展。此外，大量事实证明，孩子接触文字的早晚会影响其日后的阅读能力、理解能力，因此父母要在适当的年龄让孩子认识汉字。

▶️ 游戏 62

随风摇摆的鱼——钓鱼游戏

（关键词：综合认知、好奇心）

一条小鱼水中游，孤孤单单在发愁；

两条小鱼水中游，摆摆尾巴点点头；

三条小鱼水中游，快快乐乐做朋友；

四条小鱼水中游，嘻嘻哈哈笑开口。

小叮咛：

如果家中没有足够的材料来亲手制作钓鱼玩具，也可以去玩具店购买，但不要让孩子在手机上玩类似的钓鱼游戏，会影响其视力发育。

🦆 准备好了吗

积木，彩色硬纸板，吸铁石，回形针若干，剪刀，彩笔，线，小竹竿，光线较好的客厅。

🏐 一起玩游戏

1 由孩子用彩笔在硬纸板上画出各式各样的小鱼，要画出小鱼的嘴巴、眼睛、鳞片等细节。

2 在家长的帮助下，用剪刀将一条条的小鱼剪下来，并用回形针将鱼的嘴巴夹住。

3 用积木围成一个圆形鱼缸，将做好的小鱼都放进鱼缸内。

4 取一截长短适中的线，将其一端系在小竹竿上，另一端系一块吸铁石，这样鱼竿就做好了，有几个人参加游戏就做几根鱼竿。

5 家长指导孩子用鱼竿上的吸铁石去碰鱼嘴上的回形针，这样就能把鱼钓上来了。

6 家长可以和孩子进行钓鱼比赛，谁钓得多谁就赢得胜利。

🦖 游戏延伸

鱼钓完之后，家长可以让孩子自己数一下一共钓了几条，再问问都有哪些颜色，每种颜色的鱼各几条。准备一根长绳，把钓到的鱼一条条地挂上去，做成一串装饰品。如果孩子年龄较大，可以适当增加游戏的难度，例如在鱼身上写上分数，最后可以将分值相加，看谁得分多，谁就是最后的赢家。

🚀 玩中学

孩子在游戏的过程中，通过抓住鱼竿、控制鱼竿，再把鱼钓上来，能锻炼其手眼协调能力和手部控制能力，还能增强孩子的综合认知，例如对颜色、大小、数量的感知。此外，孩子的专注力和耐性也会在游戏中得到锻炼。

面粉喝水——和面

（关键词：手部动作、求知欲）

想让宝宝的小手变得更灵巧吗？
让宝宝试试和面吧，
再亲手制作成字母饼干，
是很有乐趣的一件事哦！

小叮咛：
如果家长想把孩子制作的字母或其他形状的面团烤成饼干，那么在制作的过程中就一定要注意食品卫生安全。

🦆 准备好了吗

面粉、水、擀面杖、围裙、字母玩具或者模具。

🏐 一起玩游戏

1　将一部分面粉倒在案板上，水杯里装上适量的水，为了不弄脏衣服可以给孩子穿上小围裙，之后准备和面。

2　为了能够充分刺激孩子的触觉，家长应尽量让孩子自己动手，自己在一旁适时引导。

3　告诉孩子，在面粉的中间挖一个小坑，然后倒进去一些水，再把面粉和水充分混合，揉搓成一个面团，这个过程可以让妈妈稍微帮一点忙。

4　用擀面杖把面团擀成一个面饼，如果孩子喜欢用手，也可以徒手把面团平铺成面饼。

5　让孩子从自己的名字中选出几个字母，例如"L""W""H"等，并从字母玩具中找到相对应的字母。

6　用字母玩具在面饼上拓出字母形状或者用模具刻出图形，也可以让孩子用面饼自由创作其他的形状。

🦕 游戏延伸

不只是面粉，还可以用橡皮泥或者黏土来制作。如果是用黏土制作字母或形状，可以等它们变硬之后再上色，将孩子亲手制作的艺术品保留下来也不错。此外，家长还可以训练孩子用笔把做成的字母或形状在纸上描出来，可以帮助他把对文字的三维理解转换成二维。

🚀 玩中学

在感知事物的过程中，调动的感官越多，越能更好地理解、复制并回忆，这项游戏就是让孩子通过触摸、摆弄、从外形上比较等行为调动多项感官，最终制作出来成品。既有乐趣，也能在玩中学会新的知识。

认识地球村——关于大洲的书

（关键词：知识积累、专注力）

在孩子的小脑袋里也许会有这样的疑问：

圆圆的地球上面只居住着我们吗？

地球的另一端会是什么样子呢？

妈妈可以尝试着和孩子一起制作一本关于地球各个大洲的书。

小叮咛：

在地图上，国家的形状较小，不能从整体上表现地球的广阔，因此从"大洲"入手更合适。

🦆 准备好了吗

剪刀，地图（拼图或者模型都可以），半透明的描图纸，铅笔，彩色的硬卡纸，胶水，订书机，地理书籍。

🏐 一起玩游戏

1 帮孩子准备好各个大洲的图片，这一步需要家长来完成。

2 将地图上大洲的图案直接剪下来；或复印一份地图，再把复印纸上的大洲的图案剪下来；或用纸描图，然后把纸上图案剪下来。

3 让孩子在彩色硬卡纸上按照剪好的各大洲的图案描几遍。

4 鼓励孩子通过形状来辨别各大洲，对照着彩色硬卡纸上的描线轮廓，把剪好的大洲图片贴在上面，写上对应的名称。

5 家长还可以和孩子一起看看相关地理书籍，聊聊地球上各大洲的差异，作为知识积累。

🦖 游戏延伸

也可以将粘贴完毕的彩色硬卡纸用订书机订成一本关于各大洲的书。其实，认识各大洲的形状只是基本目标，家长可以根据孩子的年龄、知识储备、兴趣爱好等将这本书不断完善，例如各个洲都有哪些国家，语言是什么，住着什么人，甚至有哪些旅游景点等。

🚀 玩中学

此项游戏可以让孩子了解各大洲的形状与相对大小，而且内容丰富的"大洲书"，会让孩子更加明白地图的含义。如果大洲的图案是从纸质地图上直接剪下来的，家长还可以引导孩子将它们放回去，从而了解大洲与大洲、大洲与海洋的相对位置，这些都能帮助孩子积累知识。

随心·所欲的比萨——亲子料理

（关键词：情感交流、创造力）

对于孩子而言，
烹饪是一种游戏，
只要降低要求，
厨房也能成为游乐场。

小叮咛：

烹饪这件事，很多大人处理起来有时都会手忙脚乱，所以，不要对孩子有太高的要求，享受亲子烹饪的快乐时光吧！

🦆 准备好了吗

面粉，奶酪，洋葱，火腿，菠萝，酱料；烤箱或者微波炉。

🏐 一起玩游戏

1. 首先，家长可以带孩子一起去超市购买制作比萨的材料，如洋葱、青椒或者火腿、菠萝，只要孩子喜欢就可以。
2. 在购买的过程中，家长可以借机教孩子认识食材，和孩子聊一聊它们是如何被种植出来的，味道怎么样，对身体有什么好处。
3. 食材买回来以后，和孩子一起将食材用清水清洗干净，并进行简单的处理。这期间孩子可以作为助手，做一些力所能及的事情。
4. 由家长将食材切好，并摆放在料理台上。
5. 和孩子一起将配料和食材铺在比萨饼坯上，还可以撒上适量的酱料，如沙拉酱、番茄酱等。
6. 将制好的比萨生坯放进烤箱烤熟，就可以吃到和孩子一起亲手制作的美味亲子料理了。

🦖 游戏延伸

家长还可以和孩子一起制作水果沙拉，如果觉得过程太过简单，不如试试让孩子将水果用模具刻成各种各样的形状，例如五角星形的苹果、桃心形的西瓜等，就算是孩子不喜欢吃的水果，他也愿意跟爸爸妈妈一起尝试。

🚀 玩中学

和孩子一起走进厨房，动手制作美味的料理，不仅能锻炼孩子的动手能力，还能在这一过程中让孩子学习食物的烹饪过程，丰富他的阅历，增强他的自立意识。

小小收银员——交易游戏

（关键词：思维力、财商培养）

如果让孩子当一天的收银员，
你觉得他能胜任吗？
其实这是在训练他的财商能力，
家长不妨和孩子一起试一试。

小叮咛：

此项游戏中会用剪刀将图画纸剪下来，为了保证安全，家长最好给孩子准备儿童剪刀，如果孩子年龄较小，也可以由家长代劳。

🦆 准备好了吗

图画纸或者玩具，儿童剪刀，不同面值的纸币，标签。

🏐 一起玩游戏

1　如果家中有牛奶、面包、苹果等类似的玩具模型是最好不过的，可以直接拿来使用。

2　如果没有相应的玩具，家长可以和孩子一起把图画纸上的牛奶、面包等图画剪下来。

3　让孩子把剪下来的东西摆放在桌子上，如果孩子的年龄较大，可以引导他将这些东西分类摆放。

4　在每件玩具模型或者图画纸上贴好价格标签，当然也可以直接用笔标注。

5　孩子扮演收银员，家长扮演顾客，就可以进行交易游戏了。

6　家长买东西时可以向孩子询问该商品情况，并将一定面额的纸币给孩子，看孩子是否会找钱。

🦖 游戏延伸

经过一段时间的练习之后，家长可以跟孩子利用实物来玩这个游戏，例如平时去超市购物的时候，家长也可以带上孩子一起，让孩子算一算购买东西的价格或者让他去询问导购员有关购买物品的问题。此项游戏对孩子的财商教育很有帮助。

🚀 玩中学

孩子的财商能力是很多家长所忽视的，他们认为孩子年纪还小，根本分不清纸币的面值，更不用说财商了，其实这种思想是错误的。财商是需要培养的，尤其是此年龄段，正是培养孩子财商能力的好时机，让孩子接触金钱，树立正确的金钱观，直接的好处就是能让他养成不乱花钱的习惯，同时还能提高其语言表达能力和人际交往能力。

人体时钟——学会看时间

（关键词：生活技能、躯体运动）

手表，怀表和钟表，
嘀嗒一声是一秒，
大针跑，小针跟，
一个小时六十分。

小叮咛：

有的孩子并不能很快接受时间这一概念，学会认时间也需要较长的一段时间，这是很正常的，家长要有足够的耐心。

🦆 准备好了吗

一个钟表。

🏐 一起玩游戏

1 想要让孩子学会认钟表，首先得调动起他对钟表的兴趣，妈妈可以买一个造型可爱的钟表当作礼物送给孩子。

2 或者这样跟孩子说："宝贝，你看你的小钟表上，有三根长短不一的针，你知道它们三个是怎样做好朋友的吗？为什么细细长长的那根会走得快呢？"

3 接下来，妈妈要教会孩子一些基本的认识时间的常识，例如什么是时针、分针和秒针，每个小格子和数字代表的意义等，用孩童的语言会更容易让孩子理解。

4 将认识时间与日常生活结合起来，比如："宝贝你看，时针和分针在一条直线上，现在是早上 6 点，是你起床的时间哦……"

5 早上9点的时候，妈妈再让孩子看时间："宝贝，把你的左手臂向上举过头顶，右手臂伸向右边，就跟钟表上的时针和分针一样了。"

6 晚上 6 点时，妈妈再让孩子看着时间，告诉他："两个指针又在一条线上，但这会儿天已经黑了，所以是晚上 6 点钟。"

🦖 游戏延伸

对于孩子来说，时间是一个抽象的概念，并不是很容易理解。家长可以跟孩子一起做一个表盘模型，在动手的过程中以直观的感受来认识时间。表盘上要有时针、刻度，同时还可以让孩子随意调整时间，这能帮助他很快学会认时间。

🚀 玩中学

让孩子通过观看时钟逐渐认识时间，并找到自己的生活和时间的联系，能养成规律生活的习惯。

游戏 68

宝宝的旅行日记——记录旅行

（关键词：时间概念、表达能力）

每次和爸爸妈妈一起出行，
都是我开心的时刻，
我想把这一切记录下来，
制作一本属于我的旅行日记。

小叮咛：
家长可以购买一些有关旅途时间线的书，例如《八十天环游地球》《森林报》等，用作参考。

🦆 准备好了吗

细绳，铅笔，写生簿或者活页本，胶棒，儿童剪刀，削笔刀，信封，与孩子一起旅行。

🏐 一起玩游戏

1 家长可以和孩子先来聊一聊接下来的行程，包括会去到什么地方，有哪些好玩的、好吃的。

2 告诉孩子，自己需要他的帮忙，例如行程中的重要事项希望他能记住，这时一本记录时间线的册子就能派上用场。

3 家长可以事先帮孩子准备好一本册子，例如用细绳把铅笔系在写生簿或者活页本的线圈上，将胶棒、儿童剪刀和削笔刀放在信封里备用。

4 在旅途中，家长要鼓励孩子把他所见到的画出来或者写下来。

5 当然，册子上还可以粘贴一些沿途收集到的一些纪念品，例如地图、票卡、照片等。

6 有了这本时间线册子，可以很明确地记录去过的地方，还可以和孩子一起规划后面的行程。

🦖 游戏延伸

回到家后，家长可以让孩子把这本由他亲手制作完成的时间线册子拿给他人看，并且有意识地让他按照时间顺序讲述行程中发生的事情。如果是多人外出，大家都可以参与进来，每人根据自己的行程，制作一本时间线册子，然后相互交换，就可以欣赏到彼此去到的地方和景观。

🚀 玩中学

其实，在孩子很小的时候就会明白"现在"的概念，再长大一些就会渐渐理解"昨天"和"明天"的概念。此游戏可以让孩子意识到昨天、今天、明天是更为细致的过程，涉及日常生活的多方面，同时还能学会回顾、参考和计划。

▶ 游戏 69
我是神探——找不同

（关键词：观察力、成就感）

这个简单的游戏既会带来成就感，
有时也会让人挠头，
孩子能从中锻炼观察力，
连大人也会乐此不疲。

小叮咛：
虽然手机、平板电脑等电子产
品上也有很多游戏，但为了保护
孩子的视力，不建议家长给孩
子玩。

🐤 准备好了吗

小水杯、小积木、小汽车或者小发夹、橡皮泥、贴纸等大约 10 种小玩意；没有多余杂物的桌子；孩子的精神状态较为愉悦。

🏐 一起玩游戏

1　在正式开始游戏之前，妈妈要先调动孩子的积极性，可以这样说："宝贝，我们今天玩一个新的游戏，名字叫作'我是神探'，看看你能不能成功'破案'，好吗？"

2　接下来要向孩子说清楚游戏规则："你看，桌子上都是你的小玩意，你要牢牢记住都有什么，等下要是有谁不见了，你可要把它找出来哦。"

3　给一分钟的时间让孩子记忆桌上的所有东西，此时不要说话，要让他专心记忆。

4　将孩子的眼睛蒙上，妈妈可以从桌上偷偷拿走一个小物件。

5　让孩子把眼睛睁开，仔细观察桌子上少了什么东西，如果能猜对，就说明他"破案"成功。

6　妈妈可以和孩子轮流做"神探"，看谁能"救回"更多的小物件，谁就赢得比赛。

🦖 游戏延伸

家长可以逐渐增加游戏的难度，下次可以多摆放些小物件，或者多拿走两件。如果孩子的年龄较大，可以将游戏搬到纸上，家长可以从网络上搜索相关找不同的图画打印下来让孩子玩。

🚀 玩中学

找不同游戏需要孩子有足够的耐心、注意力和仔细观察的能力，孩子这些方面的能力都可以得到锻炼。在找不同的过程中，他还会对很多东西有一个全新的认识，这也有利于增强其认知能力。

报纸寻宝——认字

（关键词：认知力、专注力）

爸爸，你有没有跟孩子一起看过报纸？

妈妈，你总是读故事给孩子听吗？

想不想给宝宝带来认字的新乐趣？

那就赶快开始报纸寻宝游戏吧！

小叮咛：

在游戏的过程中，如果孩子表现出无聊的神态，可以用类似"和爸爸比一比，看谁厉害，怎么样？"的话语来活跃气氛。

🦆 准备好了吗

报纸或者故事书，两种颜色的圆珠笔；孩子的情绪比较放松、愉悦。

🏖 一起玩游戏

1 在开始这个游戏之前，首先要保证孩子可以经常看到爸爸在读报纸。

2 让孩子猜一猜爸爸为什么喜欢看报纸。

3 爸爸可以这样回答："报纸上不光有很多有趣的事情，有时还能找到你的名字呢！"激起孩子看报纸的兴趣。

4 爸爸提出在报纸上找名字的游戏建议，和孩子一起，各自用不同颜色的笔，在报纸上圈出自己的名字。

5 也可以在一篇报道中找出相同的单词，看谁找到得多，或者找出动物的名字，看谁找得快。

6 如果孩子表现得很棒，爸爸不要忘记表扬孩子，就算孩子有些字认得不准，也要耐心地教导他。

🦖 游戏延伸

家长还可以跟孩子尝试在报纸上玩汉字接龙的游戏，挑选一个汉字作为起点，例如"宝"，孩子可以找到以"宝"字开头的词语如"宝贝"，家长则要在报纸上找出以"贝"字开头的词语如"贝多芬"，孩子则要继续找到以"芬"字开头的词语如"芬芳"，以此类推。

🚀 玩中学

报纸是一种非常好的学习类游戏道具，把它当作教材可以让孩子从中识得很多汉字，还能提高孩子对文字的兴趣，扩大其感兴趣的事情的范围。此外，孩子沉浸在找汉字的过程中，看似是想赢得游戏，实际上他的专注力也在无形之中得到了锻炼。

把世界装进瓶子——用瓶子收集

（关键词：求知欲、创造力）

从泥土沙石到花草鱼虫，
孩子总有无穷的探索欲，
不妨用瓶子把它们收集起来，
把大自然带回家。

小叮咛：
游戏中用到的图片或者照片能代表土地、水和空气即可，图片内容可以是草地、山脉、天空、水……

🦆 准备好了吗

有关土地、水、空气的图片或照片，勺子或者铲子，盆栽土、沙子或者公园里挖的泥土，3 个小罐子，水，纸，铅笔，蜡笔，胶带。

🏐 一起玩游戏

1　家长和孩子一起去户外挖一些泥土、沙子，或者购买盆栽土，并把泥土装进一个罐子里。

2　另取一个小罐子，装满自来水。

3　跟孩子聊聊空气，这个概念对他来说可能会有点难理解。家长不妨问问孩子，为什么能感觉到空气、听到空气（在喘气的时候），却看不到它？空气闻起来怎么样？让孩子在最后一个罐子里装满空气，然后拧紧瓶盖。

4　给孩子看一张提前准备好的图片，说："我在想，哪个罐子最像这张图片？"

5　三个罐子排成一排，再让孩子依照罐子中的内容给图片分组。

6　问问孩子为什么要这样分组，然后再给每个罐子命名：泥土、空气、水。

🦎 游戏延伸

在进行这项游戏时，也可以用动植物的图片来代替风景图片，例如昆虫、蚯蚓、鸟、狗、树木等，问问孩子它们和罐子里的内容物有什么联系，从而帮助孩子认识自然。

🚀 玩中学

空气、水和泥土是生命的基本元素，这个概念很重要，但对孩子来说却不容易理解。为什么一个人可以站在地上，而不是水里或者天上？当孩子再提出此类的问题时，家长可以利用具体的词汇向他说明其中的道理。这项游戏有助于孩子从具体事物层面理解更抽象的概念。

拼音在唱歌——拼音游戏

(关键词：表达力、想象力)

枯燥的拼音好像不能激起孩子的兴趣，

那把音节想象成拼图游戏呢？

像拼拼图一样把音节拼在一起，

会产生什么新奇的组合呢？

小叮咛：

家长不要用纸和笔来解释音节，因为很多孩子并不明白这一点，等他逐渐熟悉阅读和书写之后，才能自然地写出来。

🦆 准备好了吗

一个安静的房间。

🏐 一起玩游戏

1 在一个闲暇的时间里，妈妈和孩子坐在书房里，没有任何人打扰，准备开始玩拼音游戏。

2 游戏可以从孩子熟悉的字开始，妈妈可以告诉他："宝贝，我要很慢很慢地说一个字，它分为 b-a 两个部分哦（发音"波啊把"）。你要看看它们组合在一起变成了什么。"

3 鼓励孩子积极思考，并把答案说出来，妈妈可以多做几次发音作为提示，之后再尝试另一个字。

4 让孩子模仿这种方式，把他喜欢的字说给妈妈听，以激发他的表达兴趣。

5 彼此轮换着说字的音节，然后让对方猜是什么字。

🦖 游戏延伸

如果孩子的年龄稍大一些，在做此游戏的时候可以稍微增加一些难度，例如妈妈可以问孩子："'爸'这个字里有'b'这个音吗？'爸爸'这个词里有'ba'这个音吗？"如果孩子一时回答不上来，妈妈可以念慢一些，经过一段时间的训练后，可以加入一些三音节的汉字。

🚀 玩中学

这项游戏可以帮助孩子慢慢理解字被分成一组组的声音，也就是音节。大部分孩子可以把单个的音节拼在一起组成汉字，但把字的音节拆开就比较难，所以此项游戏可以强化孩子对音节的理解，锻炼孩子的语言表达能力。

一起去看流星雨——参观天文馆

（关键词：好奇心、热爱自然）

一闪一闪亮晶晶，
满天都是小星星，
挂在天空放光明，
好像许多小眼睛……

小叮咛：

如果家附近没有天文馆，家长可以通过和孩子一起观看有关宇宙的纪录片来满足其好奇心。

准备好了吗

天文馆，望远镜。

一起玩游戏

1 和孩子一起看星星，问他："宝贝，你知道吗，有时候天上的星星会像下雨一样落下来，被人们称为流星雨，你想看吗？"

2 家长提前收集有关流星雨出现的消息，然后带孩子去天文馆，一起去看流星雨。

3 在看流星雨的过程中，给孩子讲解相关的天文学知识，比如，告诉孩子："因为我们住的地方灯光太亮了，是看不清流星雨的，所以要来天文馆看，而且，这里还有很多神奇的事情，你一定会喜欢的……"

4 在流星雨出现之前，家长可以带孩子参观一下天文馆内的其他场景，例如天体投影室。

5 还可以给孩子讲解关于行星以及星座的知识，让孩子学会使用不同类型的望远镜，更真切地观察到其他星体。

6 等到流星雨出现，无数颗流星划过夜空，和孩子一起用心感受大自然的奇妙与美丽。

游戏延伸

有人说看着落下来的流星许愿就能实现愿望，家长不妨在观看流星雨的时候引导孩子怀揣着一颗虔诚的心许下心愿："宝贝，虽然流星滑落是短暂的瞬间，但那也是星星用它的生命演绎的景象，所以你要认真看哦，还要许下真诚的心愿。"以此激起孩子对自然现象的深刻情感。

玩中学

孩子天生就拥有强烈的好奇心，而浩瀚的宇宙中充满着无限神奇的力量，通过参观天文台，观看流星雨，可以激发孩子的好奇心和求知欲，并加深孩子对大自然的热爱之情。

拼出五彩世界——拼贴画

（关键词：专注力、艺术感受）

🦆 准备好了吗

彩色卡纸，树叶，纽扣或者豆子，胶水或者双面胶，白纸，儿童剪刀，彩笔。

🚀 玩中学

拼贴画就是运用不同的材料进行构思、撕剪、排列、粘贴的一种绘画表现形式，其制作简单、有趣，既能提高孩子的手工制作能力、艺术创造力，又能提高其专注力。

🏐 一起玩游戏

1 在小区的花坛或者草地上，收集一些不同颜色、大小和形状的叶子。

2 引导孩子思考一下要制作的内容是什么，可以是小鸟、太阳或者小花等。

3 选定好内容后，将树叶裁剪成相应的形状，用胶水或者双面胶粘在白纸上。

4 如果没有合适的树叶，也可以用彩笔画，孩子自由发挥就好。

小叮咛：
家长要告诉孩子剪刀的正确使用方法，提醒他注意安全，必要的时候可以给予帮助。